K.G. りぶれっと No. 59

基礎演習ハンドブック 第三版
さぁ、大学での学びをはじめよう!

関西学院大学総合政策学部 ［編］

関西学院大学出版会

はじめに ──新入生のみなさんへ

　総合政策学部では、『履修心得　STUDY INFORMATION』という小冊子を配付しています。そこでは入学から卒業までどんな科目を履修できるのか、進級や卒業に必要な科目や単位はどのぐらいかなど総合政策学部での学びに必要な事柄を説明しています。こうした本学部での学びの道標(みちしるべ)は「カリキュラム」と呼ばれます。

　このカリキュラムの中に「演習科目」と呼ばれる科目があります。課程表の片隅に小さく書かれていますが、とても重要です。ゼミナール（略称ではゼミ）とも呼ばれるこの科目は、『広辞苑』（第五版）によれば「教員の指導の下に少数の学生が集まって、研究し、発表・討論を行うもの」です。

　総合政策学部では、演習科目として基礎演習や研究演習、メディア工房等が設けられています。研究演習やメディア工房はいわゆる「卒論ゼミ」「卒研ゼミ」で、大学での教育の中心にあたります[1]。ある意味では、学部のすべての科目が、このゼミに向けて組み立てられているといえるでしょう。そこでは、講義等で得た知識をベースに、担当する先生の指導のもと、自分が選んだテーマについてリサーチ（調査研究）をおこない、その結果を卒業論文（あるいは卒業制作）にまとめます。この卒業論文にどれだけ真剣に取り組んだのかということが、みなさんの大学での成果を最終的に決定すると言っても、過言ではありません。

　一方、新入生を対象にした基礎演習では、この研究演習やメディア工房に向けたリハーサル（予行演習）がおこなわれます。自力でテー

---

[1] **講義・実習・演習**：大学の授業は、講義（lecture）、実習・実験（laboratory）、そして演習（seminar）に大別されます。なお、ゼミナールとは、ラテン語のセミナリウム（原義は「苗床」）という言葉に由来します。

マを選び、リサーチの結果を先生や他の学生へプレゼンテーションする[2]。そして演習での議論に基づいてレポート・論文をまとめる。このための基礎的なスキルと考え方を、互いに切磋琢磨しながら身につけることが基礎演習のテーマです。こうしたスキルと考え方は、卒業後に社会に出てから、仕事等で報告書、企画書、計画書、稟議書[3]等を仕上げる際に必要となるものとまったく同じです。ですから、演習で手を抜いて、いい加減なレポートを書くのは、「自分自身を磨く」のを怠ることにほかなりません。

とはいえ、新しい土地を歩くには地図が必要なように、みなさんにとって新しい経験である演習・ゼミナールにもガイドやマニュアルが必要です。この『基礎演習ハンドブック』はこうした役割を担うものとして作成されました。みなさんには本書を有効に活用して、大学での学びを充実したものにしていただきたいと願っています。なお、内容等については、これからも改訂していきたいと思っていますので、ご意見・ご要望をお寄せ下さい。

2　プレゼンテーション (presentation)：大学では頻繁に聞く言葉です（しばしばプレゼンと略す）。これは計画等の提案、あるいは研究成果の発表等を含み、現代社会ではあらゆるシチュエーションで要求される必須のスキルです。

3　稟議書（りんぎしょ）：「会社等で、所定の重要事項について、決裁権を持っている重役等に主管者が決済承認を求めること」等を稟議と呼びます。稟議書は、そのために作成する文書のことをいいます（『広辞苑』第五版を一部改変）。

Column 1　大学の"起源"について

　新入生のみなさんは、大学のそもそもの始まりについてどのぐらいご存じでしょうか？　もちろん、こんなふうに切り出すと、私たちもみなさんもつい「ヨーロッパ的大学」をイメージして、無意識のうちにイスラーム圏の「コーラン学校」、昔の日本の「綜芸種智院」や「足利学校」等を無視してしまいがちです。これも一種の文化的偏見＝差別かもしれませんが、ここでは、とりあえず欧米での大学に話を限りましょう。

　ヨーロッパ型の大学は、二つのタイプに大別できます。まず、学生の「ギルド」（高校の世界史に必ずでてくる中世ヨーロッパの同業者組合）が運営するタイプで、イタリアのボローニャ大学（当時、法学で有名で、現在のロー・スクールの役割を果たしていました）等が該当します。つまり、貴族や資産家の子弟たちが個別に家庭教師を雇うより、共同で優秀な教師を雇用する方がよかろうとギルドを作ったわけです。したがって、学生が（無能と思われる）教員の首を切るのも当然のことでした！　もちろん、教員もまた自らのギルドを作ったため、学生 vs. 教員の対立も激しかったようです。

　もう一つのタイプは、教員のギルドが中心です。ボローニャ大学と同様に 21 世紀にも生き残っているパリ大学等がそれです。1275 年に神学部生のために設立された「ソルボンヌ」寮という名称でも有名なパリ大学は、神学を教える教員同士が集まり、教育内容を整えるとともに、ローマ法王やフランス国王からの特権（＝学問の自由）を確保するなど、世俗的な権威も備えていくことから始まります。結果として、このタイプの大学がヨーロッパで主流を占めることになりました。講義や演習、学年暦、学位とその授与権、試験や学部等はすべて中世ヨーロッパの大学で始まったそうです。なお、マンガ『チェーザレ　破壊の創造者』（惣領冬実作）の第 1 巻には、主人公たちが学ぶルネサンス期のピサ大学の講義風景が活き活きと描かれています。

　やがて新しいタイプが登場します。とくに（当時のヨーロッパでは後進地域だった）ドイツ等で「領主の支配の中心」として大学が設立されます。当時のドイツは多くの小国家等に分かれていましたが、「他の領邦の大学に学んだ者は、官吏として採用しない」等の政策をとります。これは後進国において、自らの権力強化や先進国への「キャッチ・アップ」を目指すための政策手段の一つなのです。このタイプの典型が、明治期から設立された日本の国立大学であることは、みなさんもすぐお気づきになるでしょう。とくに日本の国立大学には、開設当初から工学部や農学部など応用（実用）科学系の学部が設けられていました。これも、その反映といわれています（参考：野家 2015）。

目　次

はじめに ──新入生のみなさんへ　3

　Column 1　大学の"起源"について　5

第1章　基礎演習・ゼミナールとは何か　9

　1.1.　演習（ゼミナール）は大学生活の中心　9
　1.2.　基礎演習（基礎ゼミ）での学び　13
　1.3.　卒業論文へのステップとしての演習（ゼミナール）　14

第2章　レポート・論文の書き方入門　17

　2.1.　レポートおよび論文とは何か　17
　2.2.　問いを定める　19
　2.3.　根拠を整える　21
　2.4.　文献・資料を探す　22
　2.5.　参考文献リストの作法　23
　2.6.　文書の作成　28
　2.7.　引用と参照　31
　2.8.　レポートの用紙やレイアウト　34

　Column 2　単位について　36

第3章　スキルとしての統計学　37

　3.1.　統計学は何のためにあるのか　37
　3.2.　グラフや表による表現　39
　　　3.2.1.　地球は本当に温暖化しているのか？
　　　　　　──折れ線グラフによる表現　39
　　　3.2.2.　医科大学や医学部の入試で女性差別があったのか？
　　　　　　──棒グラフによる表現　41
　　　3.2.3.　教室の大きさによって平均点に差があったのか？
　　　　　　──棒グラフによる表現　43
　　　3.2.4.　政府の支出が増えると経済成長は妨げられるのか？
　　　　　　──散布図による表現　46

目次

  3.2.5. 手足の奇形を持った子どもが生まれた原因は？
    ――クロス表による表現 48
  3.2.6. 薬の効果に違いはあるのか？――クロス表による表現 50
 3.3. 統計グラフやデータを見つける 55

第4章 文章スキルを磨く   59
――文献の読み方入門

 4.1. 文章スキルを学ぶことはなぜ重要か 59
 4.2. テキスト批評 60
 4.3. テキストレビューの作成 60
 4.4. 疑う勇気は研究のエネルギーである
   ――問題の掘り起こし方 66
 4.5. テキスト批評の応用範囲 67

第5章 リサーチ（調査研究）の方法と結果の処理、そして解釈   69

 5.1. リサーチ（調査研究）をどのように進めるのか？
   ――その枠組み 69
 5.2. テーマの深め方 72
  5.2.1. テーマの深め方（1） どんな分野の視点で課題を議論するか？ 72
  5.2.2. テーマの深め方（2） 一つのテーマをめぐる四つのレベル 73
  5.2.3. テーマの深め方（3） KJ法 74
 5.3. アンケート調査について 76
 5.4. アンケート調査（調査票調査）の例 80
 5.5. インタビュー調査と参与観察
   ――フィールド・ワークのススメ 89
 5.6. 公刊データをうまく使いこなそう 92

第6章 プレゼンテーションの技法   93

 6.1. まずは優れたプレゼンを聞いてみよう 93
 6.2. プレゼンテーションの心構え 95
 6.3. プレゼンテーションの組み立て方 97
 6.4. プレゼンテーション・ソフトによるスライドの準備 99
 6.5. 発表時の注意 107

第7章 ディベート入門 ・・・・・・・・・・・・・・・・・・・・・・・・・・・・・・・ 113
   7.1. ディベートとは？　113
   7.2. ディベートの要件　114
   7.3. ディベートの目的と効果　116
   7.4. 試合にあたって　118
   7.5. 各ステージの役割　119
   7.6. ディベートに役立つ参考資料　126

第8章 研究の倫理と学習の倫理 ・・・・・・・・・・・・・・・・・・・・・・・・・ 129
   8.1. 「調べる」ことについての負の部分
      ――研究倫理と盗作・捏造　129
   8.2. 研究倫理が問われる側面　129
   8.3. 研究倫理いぜんのマナー　131
   8.4. AI時代の学習の倫理　131
   8.5. 何のために演習でリサーチや、プレゼンテーション、
      レポートを学ぶのか？　132

参考文献　　　135

第 1 章

基礎演習・ゼミナールとは何か

1.1. 演習（ゼミナール）は大学生活の中心

　みなさんは大学生になりました。しかしこれまでと肩書きが変わることによって何が変わったのでしょうか。そもそも大学とはどんなところなのでしょう。大学に入学するまで、大学にどのようなイメージを持っていましたか。何百人もの学生が授業を受ける大講義室を想像したでしょうか。あるいは、大学の大きな建物と美しい芝生を思い浮かべたでしょうか。関西学院大学のキャンパスは、日本で最も美しいキャンパスの一つであるといわれています。しかし、高校と大学の本当の違いは、そのような目に見えるものではありません。「かんじんなことは目に見えない」のです。[4]

　大学の特徴を心の目、つまり知性によってとらえてみると、どうなるのでしょうか。大学の重要な特徴の一つは、**大学では、正解が定まっていない問題、あるいは正解が一つではない問題を扱う**ということです。

---

[4] **かんじんなことは目に見えない**：サン＝テグジュペリの『星の王子様』に以下のような一節があります。「（キツネが別れ際に王子さまに言います）「心で見なくちゃ、ものごとはよく見えないってことさ。かんじんなことは、目に見えないんだよ」「かんじんなことは目に見えない」と、王子さまは、忘れないようにくりかえしました」（サン＝テグジュペリ 2000, p. 103）。

答えは一つしかないから正解なのだ、とみなさんは思うかもしれません。高校までの学び、正確にいうなら大学入試までは、正解はただ一つと決まっており、その正解を受けいれ、理解し、解答として示すことが求められてきました。ですから、正解は一つしかない、という固定観念にとらわれても不思議ではありません。

　たしかに、自然界ではしばしば正解が一つしかないようにみえます（自然科学の領域）。日本人にも中国人にもアメリカ人にも、人間以外の存在にも、万有引力の法則は等しく妥当します。また、すべての生き物はいつか生まれ、いつか死にます。例外はありません。しかし、私たちが生きる人間の社会、文化の領域では、そこに働いている法則は、その社会や文化のあり方と緊密な関係をもっており、私たちの社会や文化で正解と見なされるものが、別な社会や文化で正解であるとは限りません（社会科学と人文科学の領域）[5]。道路は左側通行でも右側通行でも、制度が整い、人々がそれを守っていればどちらも正解でありうるのです。

　私たちは近代民主主義の理念を積極的に受けいれ尊重しつつ、社会や国の進むべき方向について議論します。また、おおかた常識を大切にし、社会のルールを守って生きています。その意味では、私たちの社会や文化の枠の中にも一つの正解があるように思えます。しかし、みなが承認し共有するこれらの事柄の多くは、ほかでもない人間が、すなわち私たちの先人たちが文化と歴史の中で、多くの可能性の中から選び取り、形づくってきたものなのです。その意味で世界中の文化や社会に多様性があるということは、人類の大切な宝物です。同じよ

---

[5] **科学の三領域：** 学問（広義の科学）は通常、自然科学、社会科学、人文科学の三領域に分けられます。それらはシームレスにつながり、時には同時に同じ対象を扱います。しかし領域によって研究の方法が異なり、それに応じて異なる思考方法とセンスとが求められます。本書73頁の「テーマの階層性」について総合的に考える営みは、知の領域における「人と自然の共生、人と人の共生」という総合政策学部が目指すべき方向を示しています。

うに私たちは、伝統の蓄積を尊重しながらも、将来に向かってさらに多くの可能性を創造しながら、最適のものを選択し実現しようとすることでしょう。正解は一つだと思い込み、また自分がその正解を理解していると慢心するとき、その社会や文化は停滞し、またしばしば恐ろしい悲劇が起こったことを、歴史は教えてくれます。

　そこから心の目に見えてくる大学の特徴は、**大学は知識を受けいれ消費するだけではなく、知識を創造し、分かち合い、評価しあう公共空間である**ということです。

　高校までの学校教育においては、先人の積み上げてきた成果を尊重し、あたかも一つの正解であるかのように学ぶこと、さらに学びの技術とその心構えとを身につけることが重視されてきました。実際、人間の強みは、言葉を主な手段として、経験や知識を世代を超えて積み上げ、継承することにあるのです。歴史と伝統とを軽視する人は、人間の尊厳を軽視する人です。大学でも、高校までに学んだ基礎知識に加えて、社会で指導的な役割を担おうとする人が知っておくべき専門的な知識を様々に学んでいきます。講義室に立つ教授たちは、みなさんにとって、知の世界の先輩たちです。これまでの膨大な専門知識の蓄積を効率的に学ぶところが大講義室なのです。

　とはいえ知識は、受動的に受けいれるだけのものではありません。受けいれ、理解した知識を活用し、新たな知を創造してゆかねばなりません。[6] 既成の知を更新し、新たな知を自ら創造すること、また知を創造する技術と心構えを学ぶことが必要になります。創造的な知力を開発することこそが、最も大学らしい学びの姿です。大学が社会におこなう貢献のうちでとく大切なことは、知を創造する技術と同時

6　**知識の受容と知識の創造**：あらゆる生き物は、環境世界の条件に自分をあわせ（順応し）つつ、同時に環境世界に働きかけ（同化し）つつ生存しています。このような生物の適応は、ホモ・サピエンス（知性を備えたヒト）では、生まれたときにすでに自分を取り巻いている知の環境世界（広義の文化）に順応しつつ、またそれに働きかけて新たな知を創造する、という仕方で発現します。

に、心構えをも備えた人材を生み出してゆくことであるといえるでしょう。そのような大学の役割と使命から、**知の創造の技術と心構えとを学ぶ演習（ゼミナール）**が、大学にとって重要な授業であることが明らかになります。

　新たな知を創造する技術と心構えとを学ぶためには、知的な冒険を許容しあう空間、一人一人の自主性と相互の信頼感とに支えられた学びの空間が必要です。この知的空間を提供するのが少人数でおこなわれる演習（ゼミナール）とよばれる授業です。ふつう「ゼミ」と省略されることが多いので、本書では「ゼミ」という表現を用います。ゼミは知を創造する大学の学びの中心です。3年生から始まる研究演習がどれだけ充実したものであったかによって、卒業証書に書かれていない、大学での学びの本当の価値が決まるといっても過言ではないでしょう。ゼミは研究の共同作業場であり、講義室の教壇から専門知識を講義する教授たちは、ゼミの演習室ではみなさんの個人的なアドバイザー、相談相手になります。競争と孤独とストレスとが支配する現代の社会のただ中で、ゼミは知性によって結ばれた、損得をこえた人と人のつながりを生み出します。それが大学という知の共同体 university を支える土台なのです。関西学院のモットー「マスタリー・フォア・サービス」、総合政策学部の理念「自然と人間の共生、人間と人間の共生」には、関西学院大学、総合政策学部を築いてきた人たちの思いがこめられています。ゼミで築かれる人間的な絆は、共通の目標に向かって努力し励ましあう信頼に裏打ちされ、卒業後もなにものによっても代えられないネットワークとなります。多くの人にとってゼミの友が生涯を通じての親しい友となることでしょう。また大学で学んだ専門的知識や知を創造する技術、心構えは、現代の社会人として期待される能力でもあります。

1.2. 基礎演習（基礎ゼミ）での学び

　ゼミにおいては、メンバーの自主性と相互信頼とが大切ですが、それだけで、何の準備もなくいきなり創造的で高度な研究ができるものでもありません。演習という共同体の中で実際の研究を進め、ゼミに参加し、ともに運営するための基礎的な素養を修得していかなければなりません。そのために開講されるのが基礎演習（基礎ゼミ）です。

　関西学院大学では基礎演習を、1963年から新入生全員に提供しています。これは全国でも初の試みでした。大学は、知を創造する研究機関であると同時に、知を創造する人材を育成する教育機関です。基礎演習は、大学の教育機関としての原点であり、新入生のみなさんの学生生活の中心なのです。当然、ゼミでは、その授業に参加して話を聞いているだけでは不十分です。授業中も積極的な参加が求められると同時に、授業外の時間にも様々な作業が必要になります。それらはゼミの宿題・課題として課されることもあります。みなさんは、大学に行ったら好きなだけ遊べる、といった風説に惑わされてはなりません。何よりも、自分から問題を発見し、解決方法を探し、自分にとっての正解を見いだす心構えを自発的に作ってゆくことが大切です。

　ゼミで修得することが期待されている基礎的な素養とは、研究を企画し、進め、その成果を発表するためのステップとそれに必要な個々のスキル、およびそれらの関係を知り、コントロールできる能力です。

　研究の成果は学会や一般社会に、時には後の世界に受けいれられることがなければ、日の目を見ることがありません。その意味で、研究はつねに、研究論文や学会発表などを通して発表することが目標となります。大学のレポートや様々な論文課題は、そのための訓練です。また、研究成果はふつうオープンかつフェアに討論され、反論に対しては自己の立場を弁護できなければなりません。これらの研究発表や

討論のスキルやマナーを学ぶためには、**プレゼンテーション・スキル**や**ディベート・スキル**の訓練が有効です。[7]また、プレゼンテーションやディベートの準備の過程で、研究の進め方と深く関わる問題発見能力や問題解決能力、文献や資料の収集・評価能力、そして合理的な思考方法や構想力のトレーニングがおこなわれます。

研究を進めるにあたって重要なスキルには、**文章スキル**（文献の収集、解釈・評価）と統計スキル（数量データの収集・処理・評価）があります。これらのスキルは卒業後、社会人として企画書や報告書を作成したり、会議やプロモーションなどのプレゼンテーションを準備したりするときにも、大変役に立ちます。

それらのスキルを大学に入学した段階で早期にしっかりと学ぶために、総合政策学部の基礎演習では様々なプログラムを用意しています。本書『基礎演習ハンドブック』では第2章から、個々のスキルについて具体的に説明していきます。

1.3. 卒業論文へのステップとしての演習（ゼミナール）

演習（ゼミナール）を中心とした大学の学びの最終目標は、卒業論文（学科によっては、卒業制作）です。3年生、4年生での研究演習（専門ゼミナール）を中心としたみなさんの学びを、卒業論文作成に向かって統合することによって、4年間の大学生活に明確な方向性を与えることができます。

卒業論文は一つの学術論文です。学術論文の作法は、このあと本書

---

[7] **ディベート（debate）**：ある英英辞典では「人々が意見を異(こと)にする主題についての議論（A debate is a discussion about a subject on which people have different views）」とされていて、議論一般のことをディベートといいます（*Collins COBUILD English Dictionary for Advanced Learners*）。しかし本書では、ゼミでの学びに関連して、「あるテーマについて肯定例と否定例とにわかれておこなう対話」（『広辞苑』第五版）という意味で用います。ディベートについては第7章で解説します。

で解説するところをよく学んでください。

　学術論文としての卒業論文には、何らかの新しい（オリジナルな）発見が要求されます。卒業論文を準備・執筆する作業を通じて、これまで誰も気がついていなかったことを明らかにすることの楽しさを、みなさんにもぜひ味わっていただきたいと思います。すでにどこかの本やウェブサイトに書かれていることを書き写しても、学術論文にはなりませんし、それでは知を創造する喜びを体験することもできません。選んだテーマについて、まだ一般に知られていない問題、あるいは解決されていないような課題・論点を見いだし、先人たちの議論（先行研究）を整理し参考にしながら、自分の見解を構築してゆくことが必要です。

　卒業論文は、みなさんにとって初めて本格的な学術論文に挑戦する機会かもしれません。多くの人にとっては、一生に一度の機会かもしれません。その意味でも、卒業論文の企画段階では長期的な視野を重視し、1～2年したら意味がなくなるような些細な問題ではなく、いつまでも意味を失わないテーマにこそ取り組んでいただきたいと思います。卒業論文で一所懸命に取り組んだ研究成果が、卒業してからの長い人生を支えるうえでも知的な基礎、人生のエネルギー源になれば、とてもすばらしいことだと思います。

第 2 章

レポート・論文の書き方入門

2.1. レポートおよび論文とは何か

　基礎演習でも上級のゼミでも必ず、「レポートを書きなさい」あるいは「論文をまとめなさい」といった課題が出されるでしょう。ここで多くの学生が直面する問題が、「レポート・論文とはそもそも何なのか」がわからない、ということです。図書館には、レポートや論文の書き方や注意点を説明してくれる書物がたくさんありますが、「論文とは何か」、すなわち論文の定義を説明してくれている本は（意外にも）それほど多くありません。

　もちろん、**定義**[8]の仕方は色々あるのですが、まずは「レポートや論文とは、問いと答えと根拠がある文章である」と定義しておけば、初学者にとって有用ではないでしょうか。これは Box Ⅱ-1 に示したいくつかの参考文献によっています。これさえ理解しておけば、みなさんはレポートや論文の課題を出されたときに、「問いを立てて、答

---

[8] **定義**：「定義」とは、文章中で用いる用語の意味・内容を「文章の書き手が自ら」明確に規定したものです。それに対して、国語辞典などの辞書に載っているような「語義」は、ある用語を、その言語社会において人々がどういう意味で使っているかを要約したものですが、同じ用語でも人によってとらえ方が違う場合があります。用語の定義は、読み手との理解の齟齬をなくすために必要です。

えを考えて、その答えが正しいといえる根拠を記述すればよいのだ」ということがわかるでしょう。そして、初学者のみなさんは当面は、この定義に従って、レポートと論文はおおよそ同じようなものだと考えてよいと思います。

　しかし、学びが進んでゆくと、レポートではなく論文を書くことを求められることが多くなります。では、論文とは何でしょうか？　論文とレポートはどう違うのでしょうか？　Box Ⅱ-1 で紹介した、酒井（2015、p. 3）の定義は、「論文とは、以下の3つを兼ね備えた文書のことである：□未解決の問題に取り組んでいる、□その問題の解決を多くの人が望んでいる、□その問題の解決に、何らかの新しい貢献をしている」、としています。つまり未解決の問題に取り組んでいなければ、そして、すでに誰かが出した答えと同じことを書いているのであれば、それは論文とはいえないということです。これをオリジナリティ（独自性、新奇性）と言います。また、佐藤（2014、pp. 18-19）は、「他者によって審査される文章である」と言っています。研究者になると「学会誌」「学術誌」などと呼ばれる雑誌に、研究成果を論文として投稿することになります。それらは「査読」という審査がなされ、有益で正確なものと見なされた場合に限って、雑誌に掲載されて出版されるのです。

　本章ではここから、レポートや論文としての体裁が整った文章を書くために必要な、主に形式面の知識を説明します。問いと答えを根拠づけるための、リサーチ（調査研究）の方法や内容については、次章以降で説明します。

> **Box Ⅱ-1　レポート・論文とは何か**
>
> 　ここに、レポートや論文の作成方法を解説したいくつかの書物から、有益と思われるレポート・論文の定義や、論文のあるべき形に関する記述を引用しておきます。
>
> 　レポート・論文とは、自分が疑問に思ったことに答えるものです。
> 　　　　　　　　　　　　　　　　　　　　　　　　　　　　（新田 2019、p. 3）
>
> 　論文にはつぎの三つの柱がある。(1) 与えられた問い、あるいは自分で立てた問いに対して、(2) 一つの明確な答えを主張し、(3) その主張を論理的に裏付けるための事実的・理論的な根拠を提示して主張を論証する。これが論文の定義だ。
> 　　　　　　　　　　　　　　　　　　　　　　　　　　　　（戸田山 2021、p. 45）
>
> 　レポート・論文は、あるテーマのもとで、ある問題に解答を与える「問い—答え」という構成形式をしていなければならない。つまり、学術文書の基本とは、誰かの建てた問いに答える、自分自身に課した問題に解答する、という意味において問答なのである。そもそも学問とは、真理と善を追求する問答である。この問答形式がレポート・論文の構成にも反映しており、その内容は、(1) 序論、(2) 本論、(3) 結論に分かれていなければならない。すなわち、序論で問題が提出され、結論でその解答が示されなければならない。そして、本論とは、結論に至るまでの議論が展開する部分である。
> 　　　　　　　　　　　　　　　　　　　　　　　　　　（松本・河野 2015、p. 38）
>
> 　論文とは「問い」が明確に提示され、それに対する「答え」の案の是非が検討されている文でなければならない…［中略］…この「問い」は問題とも主題とも言えるが、別な表現を選ぶなら「謎」である。つまり、論文は謎解きの物語である……［中略］……そして……他者によって審査される文章である。
> 　　　　　　　　　　　　　　　　　　　　　　　　　　（佐藤 2014、pp. 18-19）
>
> 　論文とは、以下の3つを兼ね備えた文書のことである：　□未解決の問題に取り組んでいる、□その問題の解決を多くの人が望んでいる、□その問題の解決に、何らかの新しい貢献をしている。
> 　　　　　　　　　　　　　　　　　　　　　　　　　　　　（酒井 2015、p. 3）

2.2. 問いを定める

　レポートや論文は「問いと答えと根拠がある文章」なのですから、問いがなければ始まりません。レポート課題なら、先生から問いが与えられる場合もあるでしょうが、卒業論文になると必ず自分で問いを考えなければなりません。「卒論のテーマ（主題）を決めなさい」と

言われたら、これは「卒論の問いを決めなさい」と言われているのとほぼ同じことです（以下では「テーマ」と「問い」を同じような意味で用います）。調査研究で明らかにしようとする問いのことを「リサーチ・クエスチョン」といいますが、これを論文の中で明示することは非常に重要です。

　また「○○についてレポートを書きなさい」と言われた場合も、必ず自分で「疑問文としての問い」を決めるようにしましょう。初学者はなるべくレポートや論文のタイトルを、「○○について」などという問題が不明なタイトルではなくて、明確な疑問文にするとよいでしょう。そうすると、問いと答えの備わっていない、つまらない「感想文」ができあがるのを防ぐことができます。

　総合政策学部では何らかの政策に関連する問いを立てることに、慣れておくとよいでしょう。話題となっている問題に関連する問いを、ノートにたくさん「疑問文で」書き出すというような訓練を繰り返すと、力がついてきます。英語の疑問詞には、いわゆる「5W1H」(who（誰）、what（何）、when（いつ）、where（どこで）、why（なぜ）、how（どのように））がありますので、これらを念頭に考えると便利です。また政策に関連する問いには、その政策を実施すべきかどうかという意味で、whether（……かどうか）も重要となるでしょう。たくさん挙げた問いの中から、文献や統計などを調べればわかりそうなものや、現在の自分の力でできる調査や分析、実験で答えを出せそうなものをいくつか選び、文章の作成に利用すればよいのです。Box Ⅱ-2には、レポートや論文の主題になりそうな問いの例をいくつか挙げておきます。

課題1　研究テーマになりそうな問いをノートに10個書き上げてみましょう。「○○について」などという形式ではなく、必ず疑問文でなければなりません。

> Box Ⅱ-2　問いの例
>
> 〈政策に関する問い〉
> ・人類は化石燃料の消費をゼロにすべきか
> ・選択的夫婦別姓を導入すべきか
> ・ベーシックインカム制度を導入すべきか
> ・英語を公用語化すべきか
> ・どの政党を支持すべきか
>
> ※ このような問いには「それはなぜか」が必ず付随しますので、これに答えなければなりません。また、主題となった政策（○○）について「○○とは何か」「○○は技術的に可能か」「○○は経済的か」「○○は政治的に可能か」「○○が諸外国などで導入された例はあるか」「○○は有効か」「○○の悪影響は何か」、といった事実に関する問いも付随してきますので、合わせて考えてゆくことになります。また、そのような政策を実施・導入すべきだという考えに立つのであれば、「どうすれば○○が導入できるか」といった問いを立てると、実りある論文につながるでしょう。
>
> 〈事実に関する問い〉
> ・邪馬台国はどこにあったのか
> ・初めてアメリカ大陸に渡った日本人は誰か
> ・太陽光発電と原子力発電はどちらが経済的なのか
> ・（何らかの具体的な）感染症に対するワクチンは有効だったのか
> ・スマートフォンは脳の発達にとって有害なのか

2.3. 根拠を整える

　問いを立てたあとは、答えを出す作業が待っています。論文には「本当のこと（事実）」と「根拠のあること（妥当な推論）」しか書いてはいけません。ですから、答えにはしっかりとした根拠づけが必要なのです。問いに対して、「おそらくその問いの答えはこうではないか」という「仮説」を立てるとよいでしょう。そして、その仮説が本当にその問いの答えとして正しいのかを明らかにすることこそが、調査研究をおこなうということなのです。

　初学者のレポートの場合には、必ずしも自分で調査研究や実験をおこなう必要がない場合も多いです。すでに、その答えになるような事

実や研究成果が発表されていれば、それが書かれている文献（論文や図書、報告書、雑誌記事、新聞記事）を見つけ出して、文章や図表を引用すればよいのです（論文の場合には、先行研究の文献を調べることはもちろん必要ですが、それに加えて、オリジナルな調査や分析、あるいは実験などが必要になります。その方法については、次章以降で説明します）。

2.4. 文献・資料を探す

文献・資料を探すことを検索といいます。文献検索には多様な方法がありますが、ここでは一般的な探し方を見てみましょう。

まず、テーマと関連した「入門書」を探します。図書館に足を運んで、自分のテーマに関する書棚の前に立って入門書を探しましょう。入門書を通じて、当該研究分野におけるそのテーマの位置づけがわかります。さらに入門書を見ることで、その本の文献表からその分野の専門書も知ることができます。このような入門書などの図書類は、図書館の文献目録やOPAC（オパック、蔵書検索システム）などのデータベースからも調べることができます。数ある入門書の中でどの本を読むべきか迷った時は、先生に相談してみましょう。

次に、「学術論文や雑誌記事、新聞記事」を探します。研究テーマと関連する専門的な内容の日本語の学術論文に関しては、CiNii（サイニー） Researchなどのデータベースから調べることができます。また、一般的な月刊誌などの雑誌の記事に関しては「Magazine Plus」（日外アソシエーツ社）などが、そして新聞記事に関しては「朝日新聞クロスサーチ」（朝日新聞社）や「日経テレコン21」（日本経済新聞社）など各新聞社が提供するデータベースが有用です。ここで紹介したような高度なデータベースは図書館で利用可能です。最近ではインターネットの検索エンジン（Google Scholarなど）でも検索は可能ですが、

どうしても限界があります。

　こうした一連の作業で得られた文献の書誌は、正しい体裁で MS-Word などで文献リストとして文書化するか、文献管理ソフト[9]に整理しておくと、後々便利です（文献リストの作り方は後述します）。この作業は文献を読み始めてからも、また調査研究が進んでからも、ずっと継続して続けるべきものです。

　最後に、関西学院大学図書館のＨＰにある、図書館活用術の項目の中の「図書資料の探し方」のＵＲＬを紹介しておきます。ここで紹介した方法より、さらに詳しい文献の探し方について解説していますので参考にしてください。

　https://library.kwansei.ac.jp/pdf_data/guide_manual/tosho.pdf

課題2　課題1で決めたテーマをもとに、どんな文献が見つかるか、図書館あるいはインターネットの検索システムで探してみましょう。それぞれいくつ見つけることができるのか、競ってみてはどうでしょう。

2.5. 参考文献リストの作法

　見つけた文献は参考文献リストに、正しい体裁でまとめてゆきます。文献の記載法には①脚注（Footnote）と②文献表（Reference）があります。歴史学や人文学（哲学・思想など）の分野では、論文の各ページの脚注（または文末脚注）に文献を番号つきで記載していく方法がよく用いられます（たとえば、歴史学研究会編集部 2021 を参照）。

---

[9] **文献管理ソフト**：文献リストの作成には日頃の文献管理が重要です。文献管理のソフトウェア（Zotero など）をご自身のパソコンに導入することで、ご自身の調査した文献を簡単に管理できるだけでなく、文献リストが自動で作成でき、手作業での修正を大幅に減らせます。

それに対し、社会科学系や自然科学系の学会誌では、論文の末尾に文献表（参考文献リスト）を示し、本文や脚注、図表から参照する場合が多いです。文献リストの作成方法や参照の方法は、研究分野によって異なるので、基本的には担当の先生方の指示に従ってください。

　以下の記述は、一例として、様々な学会で広く用いられているAPA方式の記載法に準拠して説明をします（参考：和歌山大学図書館 2022）。ちなみにAPAとはAmerican Psychological Association（米国心理学会）のことです。文献の書誌は著者の姓の五十音順およびアルファベット順に並べます。また、行間は空けずに記述し、ぶら下げインデント（2.5字程度）を用います。

[1]　単行本（日本語）は、①著者名（編者名、訳者名、著作者としての団体名）、②出版年（括弧でくくる）、③書名（二重カギ括弧でくくる）、④出版社名の順に記載して下さい。著者名の直後に出版年を記すのは、本文や図表からの参照をわかりやすくするためです（たとえば、以下の著書は「小浜（1992, p. 23）によれば」などと記述すれば参照できます）。

　　著者名（出版年）『書名』出版社名
　　小浜裕久（1992）『ODAの経済学』日本評論社

[2]　日本語に翻訳された単行本は、以下のように欧米人等の場合も、第一著者の名前は苗字を先に書きます（苗字に対して「参照」をするためです　→参照については本書31頁を見てください）。

　　ボルカー、ポール＆行天豊雄（1992）『富の興亡――円とドルの歴史』（江澤雄一監訳）、東洋経済新報社

[3] 日本語の学術雑誌等に掲載された論文では、①著者名、②出版年（括弧でくくる）、③論文名（一重カギ括弧でくくる）、④雑誌名（二重カギ括弧でくくる）、⑤雑誌の巻・号、⑥ページ範囲の順に記載して下さい。ページは、1ページだけの場合は「p.」でそのページ番号を、複数ページの場合は「pp.」で最初と最後のページ番号を書きます。以下の「28巻2号」という巻号は、しばしば「28 (2)」などと省略されます。どちらを用いてもよいですが、文献リストの中では記載方法は統一しましょう。

著者名（出版年）「論文タイトル」『雑誌名』巻・号、pp. ページ範囲
小寺武四郎（1974）「SDRの開発金融リンクについて」『経済学論究』28巻2号、pp. 161-176

[4] 単行本（英文）は、①著者名は姓を書いてから、コンマ [,] をおいて、名またはイニシャル（省略記号のピリオドをつける）、②出版年（括弧でくくる）、③書名（最初の単語を品詞の種類にかかわりなく、大文字で始める、副題も含めて斜体（イタリック）とするが、手書きレポートの場合はアンダーラインを引く）、④出版地、⑤出版社の順に記載する。各要素は必要に応じてコンマで区切る。最後にピリオドを打つ。翻訳書が出ている場合は、それを付け加えることも多い。

Surname, Given-Name (year) *Title of the Book*, Place: Publisher
Keynes, John Maynard (1936) *The general theory of employment, interest and money*, London: Macmillan.
Volker, Paul and Toyoo Gyoten (1992) *Changing Fortunes*, New York: Times Books（ボルカー、ポール＆行天豊雄（1992）『富の興亡——円とドルの歴史』（江澤雄一監訳）、東洋経済新報社）

[5] 英文の学術雑誌に掲載された論文は、①著者名、②雑誌の出版年、③論文名（'引用符'や"引用符"が用いられることが多い）、④雑誌名（イタリック、手書きの場合はアンダーライン）、⑤雑誌の巻・号、出版月（それぞれの間にコンマが必要）の順に記し、最後にピリオドを打つ。各要素の間に必要に応じてコンマを打つ。巻・号は Vol. 84, No. 3 あるいは 84（3）などと記される。

> Surname, Given-Name (year) "Title of the Paper," *Title of the Journal*, Volume, Number, Pages.
> Akerlof, George (1970) "The market for 'lemons': Qualitative uncertainty and the market mechanism," *Quarterly Journal of Economics*, Vol. 84, No. 3, pp. 488–500.

[6] 英文での特殊な場合の取り扱い、
(1) 著者が複数の場合、第1著者は先に書いたとおりで姓を前にします。第2著者以降は名ないしイニシャルを先に書き、姓を書きます。そして、最後の著者の前に and を入れるのが普通です。たとえば、

> Arrow, Kenneth Joseph and Frank Horace Hahn (1971) *General Competitive Analysis*, San Francisco: Holden-Day.

(2) 論文集等で、編集者（editor）が明示されている場合は以下のようにして下さい（一人の場合は ed. で二人以上の場合は複数形の eds. です）。

> Dornbusch, R., and M. H. Simonsen, eds. (1983) *Inflation, debt, and indexation*, Cambridge: MIT Press.

(3) 何回も重版した文献で第何版かを示す場合、以下のようにして下さい。

 Samuelson, P. A. (1973) *Economics* (9th ed.), New York: McGraw-Hill.

[7] 調査報告書は、たとえば①研究代表者名、②刊行年、③タイトル、④調査プロジェクト名、⑤機関名、⑥刊行年月日の順に記載して下さい（必ずしも決まったスタイルはありませんが、論文内では統一してください）。

 米本秀仁（2002）『社会福祉専門職における現場実習とこれからのあり方に関する調査報告書』平成13年度「長寿・子育て・障害者基金」福祉等基礎調査（社会福祉・医療事業団委託研究）、北星学園米本研究室、2002年3月

[8] 政府刊行物等は、たとえば①作成機関名、②刊行年、③資料名、④機関名、⑤発表年月日の順に記載して下さい（必ずしも決まったスタイルはありませんが、論文内では統一してください）。資料名は、ページ数が少ない場合は「一重カギ括弧」で、ページ数が多く図書に相当する場合には『二重カギ括弧』でくくりましょう。なお官報掲載内容であっても、制定・改正された法令の条文そのものを引用する場合、その法令を参考文献・引用として示す必要はありません。

 外務省国際協力局政策課（2022）「開発協力大綱の改定について（改定の方向性）」外務省、2022年9月9日
 みずほ情報総研株式会社（2012）『「貿易のための援助」の評価（第三者評価）報告書――平成23年度外務省ODA評価』外務省、

2012 年 2 月

[9] インターネットからの情報は、上記の文献書誌と同様のスタイルで示し、以下のように URL を記します。年月日の記し方は国によって違います（たとえば米国は月・日・年の順、英国は日・月・年の順です）。その文書にインターネットからアクセスした日付も書いておきます（アクセス後のページの改変や削除が考えられるためです）。最後のピリオドを忘れないように。

 Koehler, Horst.（2000）"The IMF in the Changing World," Remarks, August 7, 2000
 http://www.imf.org/external/np/speeches/2000/080700.htm（Accessed on August 2, 2024）.
 宮澤喜一（1998）「第 53 回 IMF・世銀年次総会における宮澤大蔵大臣総務演説」1998 年 10 月 6 日
 http://www.mof.go.jp/daijin/le044.htm（2000 年 9 月 10 日アクセス）

[10] 文献表の書誌は、著者の姓の五十音順あるいはアルファベット順に並べます。巻末の参考文献リストを参照してください。

2.6. 文書の作成

問いと答え、根拠となる材料が整ったら、文章を作成しましょう。Box Ⅱ-3 には、「論文はどのように書けばよいのか」というタイトルの論文を想定して、代表的なフォーマット（様式）を目次のような形で示してみました。ぜひ参考にしてください。

タイトルと著者名、そして文書作成年月日は必須です（年月日がな

> Box Ⅱ-3　論文のフォーマット例
>
> 論文はどのように書けばよいのか
>
> 関学太郎
2025 年 6 月 7 日
>
> 1. はじめに
> 2. 論文とは何か
>   2.1. 論文の定義およびレポートの違いとは
>   2.2. 論文のようで論文ではない文章の事例
> 3. 文献検索の方法
>   3.1. 自宅の PC からの検索方法
>   3.2. 図書館を利用しての検索方法
> 4. 参考文献および脚注の記し方
> 5. 論文作成に便利な道具
> 6. 論文課題に合格するための注意事項
> 7. 結論
>
> 参考文献

いと文書としての価値が非常に低くなります)。論文の構成は多くの場合、「序論(はじめに)、本論(根拠づけ)、結論(本論の要約と、答えの説明)」となります。

　論文の文章は、節(せつ)や項(こう)に分けて、書いてゆきます。数十～数百ページにのぼる著書といえるような大きな論文なら、章(しょう)や部(ぶ)に分ける必要も出てくるでしょうが、たいていのレポートや論文はせいぜい数ページから数十ページ程度なので、章分けはしません。節や項は、必ず番号をつけて小見出しをつけましょう。

　「1. はじめに」という節には、その問題の背景を説明して、問いそのものを書きます。最後の節「7. 結論」には、最初の問いを確認したうえでその答えを書くようにしてください。これが結論です。最後の節の小見出しを「7. 終わりに」とすると、答えのない締まりのない文章になってしまう場合が多いので、「7. 結論」とすることをおすすめします。

文献的な根拠や、分析結果・実験結果などの根拠が充分に整っていれば、それを淡々と紹介して説明してゆけば、論文としての体裁はおのずと整ってきます。「面白い文章」を書こうとする必要はありません。つまり、文学的な高尚な文章である必要はなく、感動的な文章である必要もなく、もちろん、笑いをとるようなことも必要ありません。根拠資料を、正確に、わかりやすく（平易に）説明することが重要です（ゼミの仲間たちの顔を思い浮かべて、彼らが理解できるぐらいにわかりやすく書くとよいでしょう）。文章の書き方についてはBox Ⅱ-4を参考にしてください。文章が（次節以降で説明する引用や参照、参考文献も含めて）完成したら、いったん自分で声に出して読んでみましょう。とくに、「問い」と「答え」と「充分な根拠」がしっかりと書かれているかどうかを確認してください。

　結論の節では、問いと根拠について要約し、答えを明確に述べます。結論に入ってから、新たな問いや事実を提示してはいけません。ただし、自分が書いた論文の限界や、今後の課題について述べることは推奨されます。

> Box II-4　レポートや論文の文章について
>
> 　レポートは明晰で論理的な文章が求められます。そのため、以下のことに気をつけて下さい。なお、以下は基本的に「横書き」の文章を想定しています。
>
> 1. 日本語では主語がしばしばあいまいですが、レポートや論文（会社での報告書、企画書、稟議書でも同様）では許されません。主語を明示して下さい。また、主語はできるだけ文章の前半において下さい。その方が、読者にとって理解しやすいのです。
> 2. 一つ一つの文章を短めにして下さい。長い文章はしばしば、論理構成があいまいになります。できるだけ短い文章に分割して、論理を明確にすべきです。
> 3. 段落の初めは、文頭を1文字分だけ下げて下さい。長い段落も避け、できれば、1段落10行以内でおさめて下さい。
> 4. 「だ／である」体と「です／ます」体を混在させないで、統一して下さい。実際には論文が「である」体以外で書かれることはほとんどありません。
> 5. 横書きの場合、数字は半角の算用数字（アラビア数字）に統一して下さい。アルファベットも基本的に半角文字に統一して下さい。
> 6. 「？」「！」の後はスペースを1文字分おいて下さい。
> 7. 読点「、」の位置に注意して下さい。ミスリードさせたり、頻繁につけすぎたり、逆に少なかったりしないように注意して下さい。
> 8. 文末で体言止めや「—（ダーシ）」、「…（リーダー）」等を使うのは避けて下さい。「〜だと思う」という表現もよくありません。あいまいな文章はレポートの印象を悪くします。
> 9. 論文には本当の事しか書いてはいけないので、観察された事実については断定的な表現（〜である）を用いてもよいですが、その解釈や、それに基づいた推論においては、断定的な表現は避けます（〜であると考えられる、〜であると推測される、などと記す）。
> 10. 表やグラフはそれぞれ該当する個所に見やすい大きさで入れてかまいません。ただし、出所を明記して下さい。
> 11. 書かれた文章を一度、音読されることをおすすめします。つかえたりしたら、それは主語と述語の関係、句読点、「てにをは」、接続詞等にミスがあるのです。

2.7. 引用と参照

　文献（図書や論文、雑誌・新聞記事、政府発表のデータや報告書等）から得られた知識を用いることは、あなたの論文の答えを支持する重要な根拠となります。自分で調査や実験をしなくても、文献の知識を

活用すれば立派なレポートや論文になる場合もたくさんあります。

　ただし、ウィキペディアや個人のブログ等の信頼性の低いウェブサイトからの引用は、意図せぬ「盗作」や、誤った情報に基づく記載を招く危険性があるため、原則として、おこなうべきではありません。ウィキペディアは、下部の注にオリジナルの根拠資料の書誌が記載されていることも多いので、必ずそちらの資料に目を通して、それを引用するようにしてください。

　文献の記述を紹介する際には、どこからどこまでが他人の意見で、どこからどこまでが自分の意見なのかを、はっきりさせる形で書かなければなりません。そこで「引用」が必要となります。引用をせずに他人の文章を勝手に自分の文章として書くと、それは「盗作」になりかねず、レポート自体が評価されなくなりますから注意して下さい。そうならないためには、しっかりとした引用の方法を知っておく必要があります。

　「引用の方法」は大きく二つに分かれます。一つは、「他人の文章をそのまま使う」場合です。1〜2行ぐらいの場合は、「カギ括弧」でくくって引用を表します。そして少し長い引用の場合は、前後を1行空け、1文字ぶん以上のインデントをして書きます。これはその部分が引用であることを示すためです（p. 19のBox Ⅱ-1を参照）。引用の後は必ず、その文献にその記述があることの証拠として、「参照」をしておきましょう（Box Ⅱ-1の引用文の直後に、参考文献の著者名と出版年、ページ番号の形で「参照」[10]がなされています。それに該当する文献がこの本の巻末の参考文献リストに存在することを確認しましょう）。なお、あまりにも長い引用は避けて下さい。

　もう一つは、「他人の文章を書き換えて使う」場合です。これは他人の文章をそのまま使うのではなく、短くまとめたり、少し表現を変

---

[10] **参照**：このような参考文献リストへの参照の形式は、APA方式によるものです。詳しくは和歌山大学図書館（2022）を参照。

えたりなど、文章を書き換えて引用する場合です。この場合も、本文中に参照を示します。

次に、「注」について説明します。本書の随所で、ページの下部に番号つきで、小さな文字で解説が加えられているのが確認できますか。その番号は、そのページの本文のどこかにあります。このように、ページの下部で注釈がなされるのを「脚注」と言います（章末にまとめて注が記される場合もあり、文末脚注や章末脚注などと呼ばれます）。注をつけるのは、第一に、本文の内容に直接関係のないものや本文中に書くと文章の流れを悪くしてしまうような場合であり、第二に、内容をさらに詳しく説明するなど、その事柄について読む人にさらに詳しく知ってほしい場合です。

ワープロソフトの脚注・後注の機能を使用すると、追加や削除で自動的に番号が通し番号に変わるので便利です（MS-Wordの場合、「参考資料」→「脚注の挿入」あるいは「文末脚注の挿入」を利用）。ここで図2-1を見てください。これは、MS-Wordにおける「脚注の挿入」コマンドの場所を示した図です。この図の全体と番号やタイトル、注、出典を眺めて、図表の示し方の参考にしてください。図表は図と表を合わせた意味ですが、図と表は違います。図とはグラフや写真、絵などのことで、表とは罫線を引いて数字や概念などを整理したものです（表なのに図と言ったり、図なのに表と言ったりする間違いをする人は、意外と多いです）。一つの文章に、複数の図表が出てくる場合には、

図2-1　MS-Wordの「脚注の挿入」コマンド

注：MS-WordのバージョンはWord for Microsoft 365
出典：筆者作成（筆者のPCからのスクリーンショット）

通し番号をつけて整理する必要があります。図表の下部には必ず出典の参照をつけ、必要に応じて注をつけます。自分で作成した図表の場合でも、わざわざ「出典:筆者作成」と明記する方がよいでしょう。

2.8. レポートの用紙やレイアウト

　最後に、レポートの用紙とレイアウトについて説明します。用紙はA4判を用いるのが一般的です。A判は世界的に共通で、B判は日本独自の規格です。

　レポートには必ず、タイトルと作成者名と作成年月日を記してください（p. 29のBox Ⅱ-3を参照）。課題レポートの場合には、これとは別に表紙を設けて、タイトルのほかに「授業名」「担当教員名」「提出日」「学部・学科名と学年」「学生番号と氏名」を明記してください（メールでの提出の場合も同じです）。

　ページの設定も重要です。余白（マージン）を上下左右、それぞれ30mmとって下さい。余白が少ないと読みにくい印象を与えます。文字数と行数は、1行40文字、行数を30～40行にします。また必ずページ番号を下部中央につけて下さい。文字のフォント（文字の種類）やフォントサイズ（文字の大きさ）も重要です。通常は、明朝体の10.5ポイントを使用しますが（学会誌等もほとんどが明朝体で印刷されていますが）、最近では、視覚等に障害のある人々への配慮として、ゴシック体を使ってもよいでしょう[11]。英文の場合は、Centuryか、Times New Romanがよく用いられますが、ゴシック体のようなArialやCalibriもよく用いられます。

---

[11] **ゴシック体の使用**：最近までに、視覚等に何らかの障害を抱えていて明朝体が読みにくい人々がいることがわかってきました。**そういう人々にとっては、ゴシック体の方が読みやすいといわれています。**障害に配慮されたユニバーサルデザイン(UD)のフォントも提案されています。みなさんのPCにも、**BIZ UDP ゴシック**などが含まれているかもしれません。

最後に、レポートは他者に読まれること、そして誤解を与えることなく、正確な情報を伝えることが肝心です。提出する前にもう一度見直して、果たして読む人が喜んで読んでくれるかどうか、改めてチェックして下さい。

課題3　本章を参考にして「論文とは何か―わかりやすく説得力のある論文を書くために―」というタイトルで、論文を書いてみましょう。本章の記述や、本章で紹介された参考文献を読んで、それらを参照・引用しながら説明するとよいでしょう。参考文献リストもつけましょう。

Column 2　単位について

　レポートで図表やグラフをかくときは、「単位」に気をつけねばなりません。とくにグラフではX軸やY軸等が何を単位にしているか、明記して下さい。単位がはっきりしていないと、表もグラフも意味がなくなります（もちろん、大学のレポートにとどまらず、たとえば、ビジネスではどんな単位で計算するかが死活問題につながります）。さらに、グラフには両軸とも対数を使う対数グラフや片方の軸だけ対数を使う片対数グラフがあるので、その点もご注意下さい。

　その一方で、単位は「約束ごと」ですから、時代や社会、国、分野等で異なります。昔から、「度量衡」を統一するのは政治的権力の象徴の一つでしたが（たとえば、秦の始皇帝の「度量衡」、豊臣秀吉の「太閤検地」、フランス革命での「メートル法」など）、現在は「国際単位系」を使うのが一つの目安です。なお、国際単位系とは、十進法をベースにMKS単位系（長さはメートル（metre）、質量はキログラム（kilogramme）、時間は秒（second）、略してMKS）を拡張して、1960年に国際度量衡総会（CGPM）で使用が採択されたものです。この単位系では、電流はアンペアを、温度はケルビン（絶対温度K）等を使います。

　ところで、慣習的に使われてきた単位に、日本の尺貫や、イギリス・アメリカ等でいまも日常的に用いられるヤード・ポンド（1ヤードは約91cm＝3フィート、1ポンドは約453.6グラム）、カラット（宝石の単位で約0.2グラム）、オンス（香水等では容積をあらわす場合はイギリスで28.41ミリリットル、アメリカで29.57ミリリットル、重さでは約28.4グラム、ただし貴金属をはかるトロイオンスは約31.1グラム）等があります。飛行機に乗ると、アメリカ製の飛行機ではしばしば速度をマイル（1760ヤード＝約1.609km）、高度をフィートで表します。一方、船の速度等ではノット（約1852m）が使われます。

　このほか、日常的に使われる単位に原油を測るバレル（42アメリカ・ガロン＝約158.99リットル）、インチ（＝12分の1フィート＝約2.54cm）等があります。ちなみに、ドラム缶はだいたい200リットル、1斗缶は約18リットルです。また、1石は約180リットルで、同時に10斗＝100升＝1000合となり、江戸時代では1合が1食分の米の消費量でしたから、一人の人間がほぼ1年間に消費する量となります。なお、1俵は明治末に4斗と定められたため、米72リットル＝60キログラムです。

　このように、「単位」の歴史を探るだけで、すぐにレポートの一つぐらい書けそうです（参考：星田 2005）。

第3章

スキルとしての統計学

3.1. 統計学は何のためにあるのか

前章では、論文は「問いと、答えと、根拠がある文章だ」と説明しました。実はこれは、あらゆる調査研究にも関わってくることです。

近年では、問いと答えを結ぶ証拠（エビデンス）として、しばしば統計や、統計学的な知識に基づく分析結果が用いられます[12]。総合政策学部のカリキュラムをよく見ると、統計学を学ぶことが強くすすめられていることに気づくでしょう。統計学は、たいへん重要な科目です。社会科学や自然科学はもとより、言語学などの人文科学でも統計データを使うことがあります。

統計学とは、確率論を応用してデータを分析し、「謎を解く」ための知識体系のことです。そのデータは、政府などが収集した統計である場合もあれば、研究者自らがアンケート調査や実験などで集めたデータの場合もあります（本章は、統計学はどのようなことに活用できるのかという具体例を示すことに重点を置きます。一般的な統計学

---

12 **統計と統計学的知識：** 統計とは、たとえば政府が発表している消費者物価指数や産業連関表など、様々な具体的な統計データのことを言います。それに対して、統計学的知識とは、確率論を応用して統計データを分析するための知識体系のことを言います。

の教科書に書かれているような、計算方法や数式等についてはあまり説明しませんので、「統計学Ⅰ」などの授業を受講して学んでください）。

　統計学的な知識が、研究論文の根拠として用いられるのは、以下のような問いに答える場合です。

(1) 集団Aと集団Bで、ある属性について差異があるのかどうか
　　例：
　　　・ある化学物質にさらされた（曝露した）集団と、そうでない集団とでは、死亡率や健康指標に差があるのか
　　　・女性と男性との間で、経済的な指標（所得や財産など）に差はあるのか
　　　・血液型によって、性格に差異があるのか
　　　・近年導入された治療方法や薬は有効なのか（その治療を受けた人と受けなかった人で、死亡率などに違いがあるか）
　　　・「大きな政府」を持つ国と「小さな政府」を持つ国とでは、どちらの経済指標が良好なのか
　　　・ベーシックインカムを受け取った人々は、そうでない人々に比べて、仕事をしなくなるのか

(2) ある変数Aと、別の変数Bの間で関連性（相関）があるのかどうか
　　例：
　　　・国会議員に占める女性の比率が高いほど、その社会の幸福度は高まるのか
　　　・政府の規模が大きくなると、その社会の経済成長は阻害されるのか
　　　・失業率と物価上昇率はどのような関係にあるのか（経済学でい

う「フィリップス曲線」)
・地球は本当に温暖化しているのか

　これらが明らかになれば、論文の問いと答えを結ぶ根拠が一つ、明確に示されることになるわけです。つまり、統計学的知識とは、ある謎を解くために、データを用いて根拠を示すための知識ということです。

3.2. グラフや表による表現

　何らかの謎を解いたり、ある事実を明らかにしたりするのに役立つようなデータは、グラフや表によって表現されます。ここでは、いくつかの例を示して、どんな形のグラフや表がどんな説明のために使われるのかを見ておきましょう。

3.2.1. 地球は本当に温暖化しているのか？
　　　　——折れ線グラフによる表現

　地球温暖化（気候変動）は現在、世界的にも人類が解決すべき最も重要な問題の一つと見なされています。でも、本当に温暖化が起こっているのか、という疑問が呈される場合があるかもしれません。
　日本については、気象庁のホームページで、1898年から近年までの気温のデータが得られます。データを入手して、MS-Excelを用いて折れ線グラフにしてみたものが図3-1です。グラフは明らかに右上がりで、気温は上昇傾向にあります。

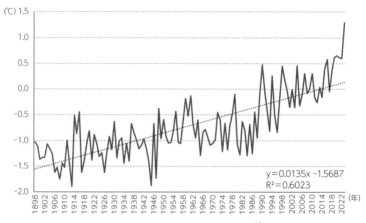

図3-1　日本の年平均気温偏差（℃）[13]

出典：気象庁「日本の年平均気温偏差（℃）」より作成

　図の右下に「y=0.0135x-1.5687」という数式が示されていますが、これは「回帰式」といわれるもので、これらのデータの中心を通る直線（回帰直線）を求めて一次関数の形で表したものです[14]。エックス（x）は横軸の値（年）ですので、毎年0.0135℃のペースで気温が上昇していることがわかります。ちなみに、この上昇ペースは、近年になるほど大きくなっています（1980年以降だと毎年0.0356℃の上昇です）。同様のデータを、世界各地について調べてみると、地球全体の温暖化傾向を見ることができるでしょう[15]。

13　**平均気温偏差**：偏差とはその地点の長期平均からの差という意味です。気象庁によれば、この平均気温偏差は都市化の影響の少ない全国15地点について、月平均気温と平均気温（1991～2020年の30年平均値）との差をとって、それをさらに季節平均・年平均したうえで、15地点の平均を求めています（参考：気象庁「日本の平均気温偏差の算出方法」https://www.data.jma.go.jp/cpdinfo/temp/clc_jpn.html、2024年6月26日アクセス）。

14　**回帰直線と回帰分析**：Excelを用いれば、グラフ作成時に簡単な命令でこの回帰直線の数式を表示させることができます。また、「回帰分析」コマンドを使えば、この上昇傾向が「統計的に有意」であることなど、より詳しい分析が可能です。

15　**地球気温上昇**：地球全体の気温上昇は、IPCC（気候変動に関する政府間パ

このように「時系列データ」を折れ線グラフにし、必要に応じて「回帰式」を示して傾向を見る方法は、経済データや人口指標をはじめとする様々な統計データに応用可能です。

3.2.2. 医科大学や医学部の入試で女性差別があったのか？ ——棒グラフによる表現

2018年に国内の医科大学や医学部の入学試験で、女性に不利になるような得点操作がなされていたことが発覚し、大きな事件となったことがありました。いくつかの大学では、男性に一定の加点をするなどして、女性の入学を妨げようとしていたのです。のちに裁判で、不利益を受けた受験者たちの訴えに対して、大学側に損害賠償を命じる判決も出ました[16]。

このような事件の場合、問題が公に発覚する前であっても、男性と女性で合格率に不自然な差が見られたら、何らかの不正の疑いを提示することができます。ここで統計学的な考え方の出番です。実は、合格率のような「比率」の指標の場合は便利なことに、比率と人数さえわかれば、バラツキや誤差の指標も簡単に計算できますし、この比率の差が偶然とは考えられないほど大きいものなのかどうかを「検定」することもできます。

図3-2に、仮想的な三つの大学の男女別合格率を棒グラフで示し、誤差の範囲（母比率の95％信頼区間）を示す線を付け加えました。これによれば、A医科大（むしろ女性の合格率の方が高い）や、K大医学部では誤差の範囲が重なっているので不正があったと断言するのは難しいですが、B医科大の場合は誤差を考慮しても女性の合格率の方が明らかに低いので、何らかの不正がおこなわれた可能性が強く

ネル）という機関の報告書に示されています（参考：IPCC 2022）。
16 たとえば、東京新聞2022年9月9日の記事「女性差別の不正入試、東京医科大に賠償命令　受験の27人に計1800万円　東京地裁判決」を参照。

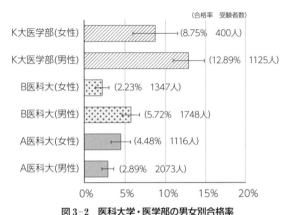

図 3-2　医科大学・医学部の男女別合格率

出典：各大学の実際の合格率を参考に、仮想的な数値例として筆者作成

示唆されます。この可能性を、確率の形で表すことは可能でしょうか。

　男女間で学力の差や差別がなくても図3-2で見られる以上の差が偶然に生じる確率を、「母比率の差の検定[17]」という方法で計算することができます。その確率は、A医科大では1.9％、B医科大は0.0％、K大医学部は2.8％でした。これが意味のある差（有意な差）かどうかを判断する基準を有意水準といい、緩い基準で10％、普通の基準で5％、

---

[17] **母比率の差の検定**：「母」とは「母集団」のことです。「推測統計学」では観察されたデータは母集団からの「標本（サンプル）」として考え、標本の平均や分散などの統計量から母集団の特徴（平均、比率、分散など）を推測します。ここで統計学の「二項分布」の考え方を応用すれば、合格率などの比率に、統計的に有意な差があるかどうかを明らかにすることができます。女性の合格率を $\hat{p}_1$、受験者数を n_1、男性の合格率を $\hat{p}_2$、受験者数を n_2 として、成績はある種の偶然に左右されていると考えます。男女合わせた全員の合格率を $\hat{p}$ としたとき、以下の検定統計量 z は標準正規分布に従います（男女とも受験者が数百人以上と多い場合）。

$$z = \frac{\hat{p}_1 - \hat{p}_2}{\sqrt{\hat{p}(1-\hat{p})\left(\frac{1}{n_1} + \frac{1}{n_2}\right)}}$$

この z 統計量を用いれば、母集団にはたとえ差がなくても、サンプルでは偶然に観察された以上の差が見られる確率（p 値）を求めることができ、これを5％などの有意水準で判断します。

厳しい基準で1%が用いられます。したがって、標準的な「有意水準5%」で判断するならば、すべてのケースでこの判断基準よりも確率の低いこと（起こりにくいこと）が起こったことがわかります。つまり「有意な差」が見られたことで、不正が疑われることになるのです。

なお、本当に男性と女性で学力に差があるのなら、不正がなくてもこのような差が出ることは当然にありえます。しかし別の情報では、2022年には公正な試験が実施され、男女の合格率の差はなくなっていると報じられています[18]。

この「母比率の差の検定」あるいは「母比率の検定[19]」のような手法は、世論調査や選挙速報、テレビ視聴率の調査など、様々な分野で応用されています。

3.2.3. 教室の大きさによって平均点に差があったのか？ ——棒グラフによる表現

ある学部の1年生向けの「統計学」の授業では、受講者が多いので同じ時間に三つのクラスに分けて、3人の教員によって授業がおこなわれています。教員は三つのクラスを順に交代して教えてゆくので、結果的にどのクラスでも授業内容は同じになります。しかし三つの教室は大きさや明るさ、スクリーンや黒板などの見やすさ、音響の聞こえやすさが違うので、ひょっとすると、教室の特徴が期末試験の成績に影響する可能性があるかもしれません。こうした影響の有無は、どのようにすれば明らかにできるでしょうか？

---

[18] 読売新聞2022年7月20日「医学部入試の女性差別、文科省汚職きっかけで発覚……昨年度の合格率は男性を逆転」を参照。記事の中では、女性の合格率は13.60％で男性の13.51％を上回ったと書かれていますが、統計的に有意な差はないと考えられます（受験者数が示されていないので、仮に男性10,000人、女性5,000人と仮定して脚注17と同じ計算をすると、z=0.15となり、有意な差は示されません）。

[19] 母比率の検定は、母比率そのものの推定値と標準偏差（および信頼区間）を求め、ある値であるということが否定できるか否かを検定します。

この事例においては、前項の場合と違って、受講者個々人の期末試験の得点データが手元にあります（前項の医科大学・医学部の入試結果の場合は、受験者数と合格率しかわかりませんでした）。得点の分布をグラフ化したものが図3-3です。得点の分布を見るために、Excelの「散布図」コマンドで普通に得点をプロットすると一番右の「クラス1」のように、点がまっすぐに並んで分布が見づらくなるので、0〜1の乱数を発生させた列を組み合わせて散布図を描いています。このようなグラフをストリッププロットと言います（参考：江崎2023、p. 51）。これを見る限り、分布に大きな違いがあるようには見えません。

　それぞれのクラスの期末試験結果の平均を棒グラフで示したものが図3-4です。平均点の高さは、クラス3、クラス1、クラス2の順になります。このように、ただ単に各クラスの得点の平均値やバラツキ（分散や標準偏差）の値を計算して比較するだけなら、これは「記述統計学」の世界です。しかし、「この差は本当に、統計学的に意味が

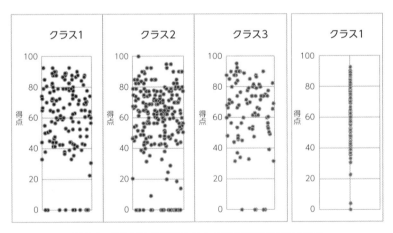

図3-3　ある年の「統計学」の3クラスの期末試験得点分布

注：受験者数はクラス1が140人、クラス2が221人、クラス3が91人で、合計452人です。言い換えればクラス2、クラス1、クラス3の順で、受講した教室が大きかったといえます。
出典：筆者作成

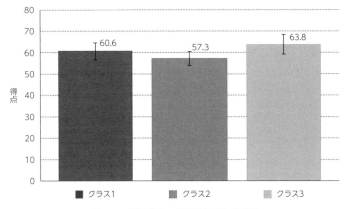

図 3-4　統計学の 3 クラスの平均点の差

出典：筆者作成

ある差なのだろうか」と考えるならば、それは「推測統計学」の世界に足を踏み入れることになります。

　推測統計学では、観察されたデータは「母集団」からの「標本（サンプル）」と見なします[20]。図 3-4 の棒グラフに付加された縦線は、平均値の 95％信頼区間と呼ばれるものです[21]。これを見ても、三つのクラスで平均点はほとんど同じで、信頼区間も重複していることがわかります。

　ここでたとえば「分散分析」という手法を使えば、この三つのクラスの成績に偶然とは考えにくいほどの差があるのかどうかを、確率の

20　**母集団とサンプル**：母集団とは、同じ属性をもった極めて多数の人々の集団を想定したものです。ここでは、それぞれのクラスで授業を受ける可能性のあった無数の人々をイメージしてください。それに対して、実際にそれぞれのクラスで授業を受けた有限数の人々の試験結果は、その標本（サンプル）となります。サンプルの統計量（標本平均や標本分散など）から、母集団の代表値（母平均や母分散など）を推測します。

21　**平均値の 95％信頼区間**：各クラスの試験結果を母集団からのサンプルと考えたとき、標本平均を中心として、95％の確からしさで母平均を含むと考えられる範囲で、これは標準誤差の±1.96 倍となっています。

数値として明らかにできます[22]。その結果によれば、図に見られる以上の差が偶然生じる確率は7.88％であり、有意水準5％で判断するならば統計的に有意な差は確認できませんでした（詳細な説明はここでは加えません）。このように「分散分析」によって、グループ間の差があるかどうかを明らかにする方法は、血液型が人間の性格に影響を与えないことの実証[23]など、様々な分野で応用されています。

3.2.4. 政府の支出が増えると経済成長は妨げられるのか？
──散布図による表現

現在、世界の国々のほとんどが市場経済の仕組みをとっていて、経済の主役は政府ではなく民間部門です。そのため、政府の活動の規模が大きくなると、民間の活動を妨げることになって、経済成長に悪影響が出るかもしれません。逆に政府の活動が、経済成長を主導する可能性も考えられます。この問題については、どのようなデータを使えば考えを深めることができるでしょうか。

図3-5は、国際通貨基金（IMF）のデータを用いて、主要31か国の2000年以降の政府支出の年平均伸び率と、経済成長率との関係を、散布図として示したものです。経済成長率は、左図では名目成長率が、右図では実質成長率（物価上昇の影響を除いた成長率）が用いられています（横軸の変数がXで、縦軸の変数がYです）。

22　**分散分析**：二つのクラスの比較だと「平均値の差の検定」が用いられることが多いですが、これは三つ以上のクラスに何らかの差があるかを示すには不便です。そこで分散分析などが用いられます。MS-Excelを用いれば簡単に分析ができます。

23　**血液型の問題**：日本ではテレビ番組等の影響で、血液型が人間の性格に影響すると考える人が多いですが、心理学の専門家の間ではそれは否定されています。統計学的な手法を用いて、その影響がないことを示した論文に縄田（2014）や久保・三宅（2011）などがあります。他方、血液型がB型やAB型の人々が偏見を受けて不快な経験をする比率が高いことはよくあり、これを実証した研究に山岡（2010）があります。

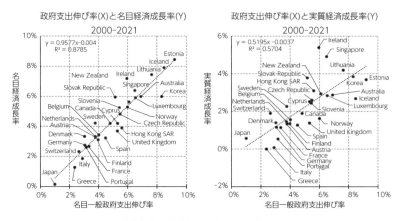

図3-5　各国の政府支出の伸び率と経済成長率（名目・実質）との関係

注：一般政府は、中央政府と地方自治体と社会保障基金を含む。
出典：IMFの *World Economic Outlook Database* を用いて筆者作成

　図3-5の左図を見ると、政府支出の伸び率と名目経済成長率との間には、非常に強い「正の相関関係」があることがわかります。この関係は「y=0.9577x−0.004」という回帰式として表現されています（xが1％高まるにつれ、yが0.9577％高まるという、ほぼ比例的な関係が見られます）。正の相関の場合、相関の強さを示す相関係数（r）は、示されている決定係数（直線の当てはまりの尺度）R^2=0.8785の平方根をとることによって計算できることが知られています（r=0.9373）[24]。

　ただし、強い相関関係が示されたからといっても、因果関係の向き（政府支出の伸びが経済成長をもたらすのか、経済成長に応じて政府支出が増えるのか）は、このような統計学的な手法では明らかにできません。実際には、国によって、時期によって、どちらの向きの因果関係も考えられます。みなさんがこのようなグラフを示す場合には、どちら向きの因果が想定されるか、ご自身の意見と理由を述べた方がよいでしょう。しかしまた、この意味での因果関係を正しく理解する

---

[24]　負の相関（右下がりの関係）が見られた場合には、R^2の平方根をとって、さらにマイナスをつける必要があります。

ためには、統計分析だけでなく、経済理論もしっかりと学んでゆく必要があるでしょう。

図3-5の右図を見ると、政府支出の伸び率と実質経済成長率との間には、左図ほどではないにしても、ある程度の「正の相関関係」が見られます（r＝0.7552）。しかしまた、点々のバラツキは左図よりも大きくなっています。回帰式は「y＝0.5195x－0.0037」となって、傾きは半分程度です。これは、国や時期によっては、政府支出が伸びても、物価上昇が促進された分だけ、実質成長率が抑えられたためと考えられます。

このように、何らかの指標と別の何らかの指標との間の相関関係を示すには、散布図が必須です。

3.2.5. 手足の奇形を持った子どもが生まれた原因は？　──クロス表による表現

何らかの新奇な病気が発生したときに、その原因を突き止めるためには、その病気の発生状況と、その原因と考えられるものにさらされた（曝露した）度合いとの関連が分析されます。

みなさんは薬害という言葉を聞いたことがあるでしょうか？　薬は、病気を治したり、症状を緩和したりしてくれるもので、私たちの生活には必要なものです。ある新薬が開発されることによって、これまでには難しかった病気の治療が可能になるという状況は想像に難くないでしょう。このように、薬は素晴らしいもので実際に数多くの人々を救っているのですが、歴史的にみると、薬害と呼ばれる悲惨な被害が生じていることも事実です。ここでは、妊婦がサリドマイド（つわりの症状を鎮めるための薬）を飲んだことによって、子どもに手足が短いなどの奇形が生じたとされる薬害を題材に説明をします。表3-1は、1960年頃に当時の西ドイツで実際に得られた、ある医師によるデータです。このような事例でのデータは、基本的な分析にかける

ために表3-1のような「クロス表」にまとめられます。

このクロス表を見て、母親が薬を服用した場合には、その子ども92例（90＋2）のうち90例（計算すれば97.8％）に奇形発症があったのに対して、薬の服用がなかった場合の奇形発症は、208例（22＋186）のうち22例（10.6％）だったというような割合の比較をおこなってもよいでしょうか？　実は、このデータは、症例対照研究（ケース・コントロール研究[25]）で得られたものなので、この表を横に足すことはできません。よって、データの収集方法を考慮すると、先ほどの割合の比較はおこなえないということになります。理解していただきたいのは、この研究は「奇形あり」グループ（症例、ケース）の112名、「奇形なし」グループ（対照、コントロール）の188名を調査した結果ですので、意味がある合計は、縦の合計の方だということです。つまり比較できる割合は、「奇形あり」グループでの服用割合と、「奇形なし」グループでの服用割合です。

この薬の服用と奇形発症との間には、無関係だ（独立だ）とはいえないほどの関連性がある、と言うためにはどうすればいいでしょ

表3-1　サリドマイドと奇形発症の関係

実数（件数）		子の奇形発症	
		あり	なし
母親による薬の服用	あり	90	2
	なし	22	186
	計	112	188

出典：田栗ほか（2007）、p. 185を参考に作成

---

[25] **症例と対照**：症例（case）とは研究対象となっている症状が現れた人々のことで、対照（control）とはそういう症状をもっていない人々のことです。「対象」と「対照」の違いに注意してください。

か？　症例対照研究では、いわゆるオッズ比[26]を計算することで関連を評価します。「奇形あり」グループで「服用あり」の割合は90/112、「奇形なし」グループで「服用あり」の割合は2/188となります。詳しくは、「統計学」の講義などで学びますが、「奇形あり」グループのオッズは90/22、「奇形なし」グループのオッズは2/186になりますので、オッズ比は、(90/22)/(2/186) = 380.5となります。オッズ比は、薬と奇形との間に関連がなければ1に近い値を取るはずの数値ですが、ここで計算されたオッズ比は380.5であり、正の関連があることを示唆しています[27]。つまり「奇形あり」グループの母親は、「奇形なし」グループの母親に比べて、この薬を飲んでいた人が多かったということです。この結果は、この薬の服用と奇形発症との間に関連があることを強く示唆しており、無関係だという可能性は極めて低いと結論づけられます。

3.2.6. 薬の効果に違いはあるのか？——クロス表による表現

　ある深刻な病気について、新薬の開発がおこなわれているとします。ある病気の患者150名をランダムに2群に分け、新薬と標準薬の2種類の方法で、それぞれ治療をおこなったとします。一定期間が経過したのち、両群の生存状況は、表3-2(a)のようになりました（この

26　**オッズとオッズ比**：オッズ（odds）はもともと賭け事などでよく使われる用語で、簡単にいえば「アタリとハズレの比」のことです。たとえば6面体（1〜6）のサイコロで1の目が出るオッズは、6分の1ではなく1:5、つまり1/5 = 0.2ということになります。オッズ比はオッズの比なので、このサイコロと別のサイコロとの間のオッズの比が一例となります。6面体のサイコロと、10面体のサイコロ（1〜10）とで、1の目が出るオッズ比を求めると、(1:5):(1:9)、つまり(1/5)/(1/9) = 9/5 = 1.8となります。オッズ比が1よりも大きいので6面体サイコロの方が10面体サイコロよりも当たり（1の目）が出やすいわけです。同じ6面体サイコロどうしや、10面体サイコロどうしの場合には、オッズ比は1になります。

27　**オッズ比の95%信頼区間**：ここでは詳細な説明は割愛しますが、この事例でのオッズ比の95%信頼区間を計算すると [87.54, 1653.4] となり、95%信頼区間に1が含まれていないため、統計的に有意な結果ということになります。

表は本項での説明のために作成した仮想データです)。

治療法によって生存の割合が異なるといえるかについて考えてみましょう。このように生存・死亡のような2値変数の場合に、二つの群間で割合の差を検定する方法として、カイ二乗検定があります。表3-2(a)の例の場合は、前項で紹介した症例対照研究とは異なり、横に足した合計に意味があるので、「新薬グループ」と「標準薬グループ」に分けて、それぞれのグループの人数のうちで生存した人数の割合に注目します。

表3-2(a)によると新薬群では63.6%(77人のうち49人、49/77)、標準薬群では43.8%(73人のうち32人、32/73)が生存しているので、新薬によって治癒する患者が増えることが期待されます。しかし、新薬群と標準薬群で効果に差がなくても(生存の割合が同じであったとしても)、偶然、差があるような結果が得られることはありえます。

表3-2 新薬と標準薬の臨床試験の仮想データ

(a) 実測度数

治療法	生存	死亡	計
新薬	49	28	77
標準薬	32	41	73
計	81	69	150

(b)

治療法	生存	死亡	計
新薬	?	?	77
標準薬	?	?	73
計	81	69	150

(c) 期待度数

治療法	生存	死亡	計
新薬	41.58	35.42	77
標準薬	39.42	33.58	73
計	81	69	150

つまり、観測されるデータはバラツキを伴っているので、二つのグループの差は偶然生じているだけかもしれません。このような場合、カイ二乗検定により、意味がある差（有意な差）なのかを判定することができます。

表3-2(b) を見てください。2×2のクロス表の内訳が「？」となっています。合計150人の患者のうち、81人（54.0％）が生存し、69人（46.0％）が死亡していますので、もし治療法と生存状況が無関係（独立）ならば、2×2のクロス表の「？」のセルには、どのような数値が入ることが期待されるでしょうか。これを期待度数と呼びますが、正しく計算すると、表3-2(c) のようになるはずです（たとえば、新薬・生存のセルには、77人を「81/150」と「69/150」の比率で按分したうちの「81/150」の方が入るので、77×81/150＝41.58のように計算されます）。表3-2(a) が実際のデータで、表3-2(c) が独立な場合を想定したデータですが、両者の違いがどのくらいめずらしいものかを考えるのが検定のプロセスです。

カイ二乗検定では、最初に以下の二つの仮説（hypothesis）を立てることになります。

・帰無仮説 H_0：治療法と生存状況との間には関連がない（治療法によって生存状況に差がない）
・対立仮説 H_1：治療法と生存状況との間には関連がある（治療法によって生存状況に差がある）

実際に主張したいのは対立仮説の方です。しかし、検定では、帰無仮説が正しいと考えることが出発点となります。帰無仮説のもとで、同じ調査を何度も繰り返すことができたとすると、今回得られたデータは、どのくらいめずらしいものなのかということを考えます。ここでは詳しい説明は省略しますが、帰無仮説が正しい場合、以下の式で

計算されるカイ二乗値は自由度1のカイ二乗分布に従い、カイ二乗値が3.841以上である確率は0.05（5%）であることが知られています。つまり、治療法によって生存状況に差がない場合、たまたま得られたデータから求められたカイ二乗値が3.841以上になる確率は0.05（5%）であるということです。言い換えれば、カイ二乗値を求めてそれが3.841以上となるかどうかで、新しい治療法が有効かどうかを判断することは、「有意水準5%」でカイ二乗検定をおこなっていることを意味します（χはギリシャ文字のカイです）。

$$\chi^2 = \frac{(49-41.58)^2}{41.58} + \frac{(28-35.42)^2}{35.42} + \frac{(32-39.42)^2}{39.42} + \frac{(41-33.58)^2}{33.58} = 5.915$$

今回のデータから計算されたカイ二乗値（5.915）は3.841よりも大きいので、帰無仮説（治療法によって生存状況に差がない）が正しいという前提では、確率0.05（5%）未満のめずらしいことが起こっていると判断されます。なお、統計ソフトで分析をおこなうと、有意確率（p値）[28]が0.015（1.5%）であることが出力されます。0.015（1.5%）は0.05（5%）より小さいので、有意な結果と判断できます。このような場合、帰無仮説は間違っていて、対立仮説の方が正しそうだ（治療法によって生存状況に差がありそうだ）と判断しようというのが検定の考え方です。以上のことから、有意水準5%で、治療法と生存状況との間には有意な関連が認められたことになります。これにより、治療法によって生存状況に有意な差があると言えそうです。注意しなければならないのは、有意な結果になったからといって、「新薬に効果がありそうだ」という判断が間違っている可能性がまったくないと

28　**有意確率（p値）**：今回の場合、治療法が違っても効果に違いはないという仮定のもとで、クロス表のデータから計算されたカイ二乗値5.915よりも、大きな値をもたらすような臨床試験データが偶然に得られる確率はわずか1.5%しかないということを意味している。

いうわけではないことです。ほんとうは関連がない（差がない）のに、間違って関連がある（差がある）と判断してしまう誤りのことを、「第一種の過誤」とか「アルファエラー」と呼んだりします。そのような間違いが起こる可能性はできるだけ小さくしたいわけですが、統計学的な手法を用いる多くの分野では 0.05（5％）を基準とすることが慣例になっています。カイ二乗検定の一連のプロセスは、「統計学」の講義などで学びます。そこでは、本書では説明を省略した「イェーツの連続修正（イェーツの補正）」や「フィッシャーの正確確率検定」についても説明がなされます。

Box Ⅲ-1　データの種類

統計データの種類について、ここで簡単に紹介します。分野によってそれぞれ分析手法が異なりますが、学部レベルの勉強なら、それほど気にかける必要はありません。

1. 量的データか、質的データか？
   (1) 量的データ：国内総生産や試験の点数、合格率などの数値データ
   (2) 質的データ：男性か女性か、薬を服用したか否か、あるいは自由記述のアンケート回答などの非数値データ
   ＊以下の「四つの尺度水準」も重要です。
   ・名義尺度：質的な違いだけがある（性別・血液型など）
   ・順序尺度：順序だけがある（ランキングや好みなど）
   ・間隔尺度：順序があり、順序間の間隔が等しいが、絶対原点（ゼロ）がない（摂氏温度など）
   ・比率尺度：間隔尺度の性質をもち、さらに絶対原点（ゼロ）がある（絶対温度、重さなど）

2. 一変量（一次元）データか、多変量（多次元）データか？
   (1) 一変量データ：経済成長率のみ
   (2) 多変量データ：経済成長率と政府支出伸び率と、その他に……

3. 時系列データか、横断面データか？
   (1) 時系列データ：1893 年から 2023 年までの日本の年平均気温偏差
   (2) 横断面データ：2000 年の世界 31 か国の経済成長率
   ※横断面データが時系列的に集められたものはパネルデータ、あるいはプーリングデータと呼ばれます。

3.3. 統計グラフやデータを見つける

　前節で示したようなグラフを、初学者が自らデータを集めたり、アンケート調査をおこなったりして作成するのは簡単なことではありません。まずは政府機関や、様々な研究機関やNGO（非政府組織）などに属する研究者などが出した白書[29]や報告書、論文などから、論証や説明に使われたグラフや表を引用するとよいでしょう。

　また、信頼できる統計データも、やはりまずは日本政府が発表したものを用いるべきでしょう。インターネット上の「e-Stat 政府統計の総合窓口」からアクセスすれば、様々な分野の統計データが手に入ります（図3-6）。ここから積極的に様々なデータを入手して、読み解いて、グラフ化して、研究に活用するとよいでしょう（画像化されているグラフを、パソコンでスクリーンショットして貼り付けてもよいのですが、きたなくなりがちなので、数値データを入手して、自分でグラフにすることをおすすめします）。

　関西学院大学図書館およびそのホームページからも、様々なデータベースにアクセスして、学術論文や雑誌記事、新聞記事、統計データなどを入手することができますので、ぜひ「授業料のモトが取れるぐらいに」活用してください。

　さらには、英語の力がついてきたら、国際連合の各種機関や、国際通貨基金（IMF）、世界銀行など、あるいは諸外国の政府やNGOなどが作成・公表した、社会・経済データにアクセスして活用してゆきましょう。

---

[29]　政府の各省庁などは、「経済財政白書」や「犯罪被害者白書」など様々な白書や報告書を定期的に公刊しています。そこには有用なグラフが多数含まれますし、政府の刊行物はその他のものに比べて著作権上の制約が少ないので、引用して利用するとよいでしょう。日本政府のe-Govポータルを参照：
https://www.e-gov.go.jp/about-government/white-papers.html

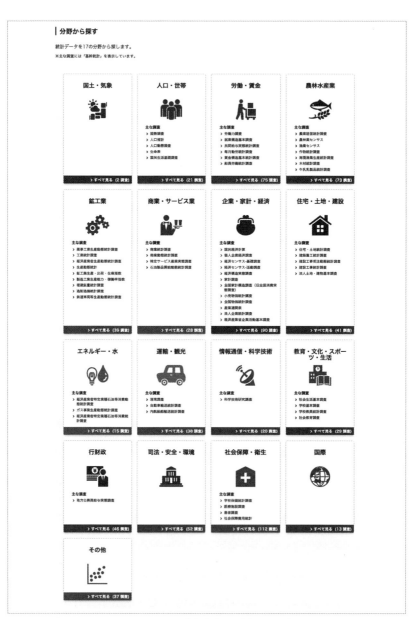

図 3-6　e-Stat 政府統計の総合窓口、一覧

出典：e-Stat（https://www.e-stat.go.jp/statistics-by-theme/）

研究を進め、論文作成やプレゼンテーションに際して、このようにして得られたデータを活用すれば、問いと答えをつなぐ論証のレベルを大幅に高めることが可能となります。そしてさらに、この大学での学びを深めて、あなたが研究者としての階段を上ることになったら、実験や調査によってデータを作成し、それを分析して論文として学会誌に投稿すれば、査読プロセスを通じて評価されます。そして論文が学会誌に掲載されれば「査読付き学術論文」として、あなたのキャリアにおける重要な業績となるのです。

> **Box Ⅲ-2　統計ソフト**
>
> 　初学者にとっては、手元のパソコンにインストールされた MS-Excel を用いれば、工夫しだいでかなり多種多様なデータ処理や統計分析、グラフ作成ができます。まずその使用に熟練することが求められます。
> 　さらに勉強が進むと、学問分野や分析対象によって、用いられるソフトが少しずつ違ってきます。
> 　分野を問わず様々な分析対象に利用される、しかも無料の統計ソフトには「R（アール）」があります。しかしこれが活用できるようになるには、ある程度そのプログラミングの方法を学ぶ必要があります。プログラミングのスキルに自信がある人にとっては、現在のデータサイエンティストにとって標準的なプログラミング言語とされる Python も無料で利用でき、統計データの処理やグラフ化に活用できます。
> 　有料のソフトで、様々な分野で幅広く用いられている高度なソフトウェアとしては Stata がありますが、これもある程度のプログラミングの訓練が求められます。このソフトが自由自在に使えるようになると、データ分析の高度な知識を備えた人材として、研究機関等への就職が有利になるかもしれません。
> 　プログラミングの知識が不十分な人でも、マウスでの操作ができればまず入門レベルの分析ができるものとしては、経済分野では EViews などがあり、社会学や心理学など幅広い分野で用いられるものとして SPSS などがあります。これらも専門の研究者に用いられているものです。これらのソフトにおいても、プログラミングの知識を高めれば、より高度な分析を自動化して実施させ、研究の能率を劇的に高めることが可能です。

第 **4** 章

文章スキルを磨く
──文献の読み方入門

4.1. 文章スキルを学ぶことはなぜ重要か

　新聞記事や小説や実用書というような日常生活で出会う母語のテキスト[30]は、平均的な知力を備えた人なら難なく理解できますが、専門的な研究をおこなうためには、それに見合った言葉や知力の訓練が必要です。一例として、いくつかの法律用語を思いおこしてみてください（留保、債務、訓令、忌避、権限、覊束(きそく)など）。母語だからとあなどってはなりません。見慣れない数式や化学記号や外国語なら、まずはじめにそれらの意味や約束ごとを学ばなければならないと誰もが思い、注意するでしょう。それに対して母語で書かれた専門書や研究書の場合、何となく意味がわかりそうな気がします。しかし、専門用語の意味や研究方法をしっかりと学んでいなければ、正しく読解することも正しく書くこともできません。契約書を漠然と読んで法律的な意味を理解しなかったためにひどい目にあう、というようなことは日常でもよく起こります。
　言葉の意味は専門の用語辞典で調べることができますが、言葉の正しい使い方や話し方、書き方は、聞いて読んで覚えるほかありません。

---

[30]　**テキスト**：ここでは原典・本文の意味です（『広辞苑』第五版）。

よい文章を書くためには、よい文章をたくさん読むことが必要です。よい研究論文を書くためには、それまでどれだけの研究書を読んできたか、という経験が大きくものを言います。基礎演習では、文章スキルの向上を重要な到達目標の一つとして掲げています。

4.2. テキスト批評

本章では、高度な研究論文や研究書などを正確に理解するために有効なテキスト批評と呼ばれる読解技術を紹介します。テキスト批評を定期的におこなうと、高度な内容のテキストを読む知力のトレーニングにもなります。テキスト批評には様々な方法があります（参考：松本・河野 2015；河野 2018）。最終的には一人一人が自分の専門や研究スタイルに最もふさわしい方法を編み出してゆくべきものですが、ひとまずは基礎演習のテキストとして用いられることの多い社会、文化、政治などに関するテキストの読解スキルを高める方法として、次節ではテキストレビューの作成方法を説明します。なお、統計を用いた研究書など、タイプの異なるテキストでもテキスト批評は可能かつ有用ですが、求められる文章スキルや押さえるポイントは変わってくることがあります。

4.3. テキストレビューの作成

テキスト批評を文章化したものをテキストレビューと呼びましょう。これには、数ページの小論文や、本の1章のレビューから、何百ページもの本のブックレビューまで様々な規模のレビューがあります。また、公刊を目的としたブックレビュー（いわゆる「書評」）から、研究の準備作業としての文献サーベイ、さらに本書が念頭においているような、演習（ゼミナール）における研究スキルのトレーニングを

目的としたレビューまで、様々な用途が考えられます。

　本などの長いテキストでは、全体のレビューをする前に、章ごとのレビュー、とくに重要な章を選んでレビューするほうがよいことがあります。しかし逆に、まず全体のレビューをしたあとで、自分にとって重要な章を選んで詳しくレビューするほうが効果的な場合もあり、ここでは解釈学的循環が成り立ちます[31]。

　テキストレビューの字数は、研究論文などの小さなテキストの場合は千字から数千字程度、大きな本の場合は数千字から数万字程度が適当です。テキストレビューの実例を、Box IV-1 に示します。これは本書の第1章で述べられたことに対する要約と批評です。

　このようなテキストレビューは次の七つのステップを押さえて作成すると効果的です。

(1) テキストレビューのタイトル

　テキストのタイトルと同一である必要はありません。レビュアー本人（あなた）にとって最も大切なテーマや視点をレビュータイトルとして独自に選んでください。タイトルの設定は絶対必要です。最初にするのが望ましいですが、レビューが終わったときでも構いません。この作業は、自分の研究テーマを決めるときや、すでに決まっている研究テーマを絞り込み、より明確にするときに役立ちます。

31　**解釈学的循環**：物事の全体には、様々な要素、部分があり、それら個々の要素を理解しなければ全体を解釈することができません。その一方で、個々の要素の意味や相互関係は、全体の意味が分からなければ、とらえることができません。つまり、全体の理解と部分の理解とが円環的に補い合い、深まってゆくことによって物事の理解が進むという事態を解釈学的循環と呼びます。

Box Ⅳ-1　テキストレビューの実例

1　テキストレビューのタイトル：大学の位置づけとゼミの意義

2　テキストの書誌データ：「第1章　基礎演習・ゼミナールとは何か」関西学院大学総合政策学部編『基礎演習ハンドブック〔第三版〕』関西学院大学出版会、2025、pp. 9-15。

3　テキストレビューのキーワード：大学／ゼミナール／知の創造

4　テキストの要約　… 併用型要約

　社会や文化の領域においては、与えられた問題解決の方法は、その社会や文化に特有なものであり、唯一絶対の答えとは限らない。それゆえに、既成の解答に安住せずに、必要なら自ら新しい「正解」を創造してゆかなければならない。このような知の創造の技術と心構えとを備えた人材を生み出す大学の授業が、ゼミである。ゼミでは教授と学生、そして学生同士が知性によって結びつき、自主性と相互の信頼とに支えられた知的共同体としての強いつながりを得るのである。

　ゼミの中でも、新入生全員に提供される基礎ゼミは、知を創造する大学生が必要とする基礎的なテクニックを修得する場である。具体的には、研究成果の発表や討論のためのプレゼンテーションスキルやディベートスキルの訓練、研究を進めるための文章スキルや統計スキルの研鑽などが挙げられる。

　大学の学びは、卒業論文（卒業制作）を最終目標とする。ゼミを通して準備・執筆する卒業論文は、新しい発見としての知の創造が要求される。この知の創造活動を通して、人生を支える知的基礎を養うことが理想的である。… 概要

　ある問いに対して様々な答えの可能性を検討することは、大学における学びの大きな特徴であると述べたが、実際、社会・人文科学の領域では、いくつもの答えが存在するほうが普通である。大学において学生に期待されるのは、高校までのように、決められた一つの答え、あるいは決められた解決方法を受容するのではなく、全体を見ながら、今まで誰も考えたことがない新しい答え、あるいは解決方法を能動的に探究する能力を養うことである。既存の知識では対処できないような問題が起きた場合に必要なのは、そのような能力である。大学における知の創造は、つねに変化する社会環境に対応するものであり、歴史的に積み上げられてきた知を基盤としながら、自らも知を創造し、他者と分かち合い、評価しあうことが肝心である。そのような公共空間を提供し、社会に貢献する人材を生み出すことこそ、大学の役割であり、使命なのである。… 絞り込み要約

5　テキストの評価のためのポイント

　以上に要約した一節において筆者は「創造的な知力を開発することこそが、最も大学らしい学びの姿です。」（p. 11）という箇所に注目する。大学でおこなわれるゼミには、創造的知力の開発にとって、どのような重要性があるのか。とくに大学初年度の基礎ゼミで創造的知力を学ぶ意義とは何なのだろうか。… 著者の論理展開をさらに詳しく検討

6　テキストの評価　… 賛成評価

　本書は創造的な知力を育成することが、大学あるいはゼミにおいて重要であると述べているが、以下において、単なる「知力」ではなく創造的な知力でなければならない理由を、予想される反論とそれへの反批判の順で考察する。… 自分の着眼点の整理

　創造的な知力は、人と人とが共に生きていくために必要ではなく、むしろ害であるという反論が想定される。たとえば、道路交通ルールなどに代表されるように、誰にでもわかり、誰もが承認している一般的な知識、つまり歴史的に積み上げられた知識を学ぶことこそが、人と人との共生に最も必要なことであり、これに対して、常識を覆すような創造的な知力は長年築き上げてきた社会全体の秩序や利害関係のバランスを壊すことになる、という主張である。この主張の背後には、個々人が創造的な知力を発揮することによって、社会の安定性が崩壊するのではないかと考える危機意識が認められる。… 予想される反論

　たしかに、歴史のなかで積み上げてきた伝統的な知識を継承することは、持続的な社会を形成するうえで重要である。道路交通ルールや、学校制度も、効率的に知を伝達し社会を維持するために必要である。しかし、そのような既存の体系・知識の重要性とともに、それらが孕む問題にも目を向ける必要がある。筆者はとくに、今まで通用していた知識が役に立たなくなる場合がありうること、すなわち最初から、想定外の状況が起こることをつねに予想し、それに対応できる知力と心構えとを育成することが重要であると考える。ことに近年顕著になった環境問題、クローン等の生命倫理問題、原発問題においては、これまでのデータや価値観に基づいた知識の積み上げだけでは通用しない現実があらわれてきている。筆者は、このような時こそ、新たな視野と新たな価値観とをもって、未知の可能性を考える創造的な知力が必要であると考える。ゆえに大学初年度のゼミから創造的な知力を鍛えることは、将来のためにも意義あることといえよう。

　そもそも上述した交通ルールも、現在は形式化された知識として扱われるが、それ自体、創造的な知力の産物であった。様々な可能性の中で、当時の状況に最もよく適したルールが人々の間で考案され、採択されていったのである。伝統的な知識や価値観は、そのような創造的知力を適切に制御して暴走から守る役割を果たす。… 反批判

7　まとめ

　大学の学びの根幹は知の創造活動である。大学の役割は、伝統的な知識を土台としながらも、自ら知を創造しようとする者を育成することである。中でもゼミは知の創造の技術と心構えを学び、創造的知の結晶である論文を生み出す場である。原発問題等だけではなく、これからも絶えず生じるであろう想定外の事柄に対応していくためにも、創造的知の更なる育成が求められるだろう。「伝統的な知」と「創造的な知」の両者は、現代社会にとって必要不可欠な要素なのである。今後は両者の関係性について、より一層の考察を深めていきたい。

(2) テキストの書誌データ

　文献目録や脚注にそのまま使えるように書誌データを記録します[32]。基本的な考え方としては、そのテキストを図書館や書店で注文し入手するために必要十分なデータを提供する、ということです。必要に応じて、レビューする章、ページなど範囲を指定します。これによって、レビュアー本人やレビューを読んだ別の人があとから同じテキストを簡単に入手して確認したり検証することができるようになります。

(3) テキストレビューのキーワード

　テキストレビューの要点を明示します。キーワードを追うことによって、書きためたテキストレビューの中から必要なものをあとから簡単に見つけ出すこともできます。

(4) テキストの要約

　テキストの要約には、次のような二つのタイプがあります。

　〔概要〕　選択したテキストの流れに沿って全体を要約しながら、著者の主張の重要ポイントを整理します。

　〔絞り込み要約〕　自分の研究のテーマや関心が定まっており、さらに着地点（仮説、結論）が見えている場合は、そのテーマに関係がある論点や、自分の研究の仮説、結論を検証ないし反証するような論点に絞り込んだ要約を作成します。丁寧に書かれた絞り込み要約は、そのまま論文の一部として使えます。

　「概要」と「絞り込み要約」の二通りの要約を別々に作成します。代表的な研究書や、自分の研究にとってとくに重要な意味を持つテキ

---

[32] 書誌データの書式：本書では社会科学の専門誌でよく用いられる、いわゆるAPA方式（ないしはハーバード方式）を推奨しています（本書巻末の「参考文献」書式を参考にしてください）。これは本文から参考文献に対する参照が容易となるためです。

ストには両面要約を勧めます。二通りの要約を比較することによって、自分の研究のオリジナリティがどこにあるのか、何を自分のオリジナリティとして強調するのか、といった論文作成の基本的な方針を決める助けになります。

(5) テキストの評価のためのポイント

　上記のテキストの要約をふまえつつ、さらに詳しく検討すべきポイントや、そこから予想される展開や、残された未解決の問題点、別の展開や別の解釈の可能性などを検討して、要点を列挙していきます。列挙するポイントが多いということは、そのテキストが参照対象、あるいは批判対象として重要であるということです。

(6) テキストの評価

　(5)で列挙されたポイントの中から自分自身の研究にとって重要と思われるものを選んで、議論・評価します。

　〔**反対評価**〕　著者の立場に反論する場合は、①批判の要点と批判する理由、論拠を明示します。②次に、そのような批判に対する著者の応答（反批判）を予想します。それによって、自分の批判がどれくらい妥当であるのかを判定します。

　〔**賛成評価**〕　著者の立場に賛成の場合、ただ「賛成です」と書いたり、著者の議論を繰り返したりしても、「(4) テキストの要約」からの発展性がありません。自分は賛成であっても、①反対者がいることを予想して、反論の要点を述べ、さらに、反対の理由、論拠を予想します。②次に、それに対する著者またはレビュアーの立場からの応答（反批判）を提示します。

　〔**両面評価**〕　反対評価、賛成評価の両方の立場からテキストの評価をおこないます。しかし現実には、どちらかの評価を徹底的におこなえば、同時にもう一つの評価をおこなったことになります。

基本的な考え方としては、自分にとってあたりまえだと思われる常識や利害に縛られた結論を出さないように、様々な立場を理解し、尊重することによって、研究の客観性を保証するということです。なぜなら、私たちが常識や共通の利益として承認し共有する事柄の多くは、私たちの先人たちが、多くの可能性の中から選び取り、形づくってきた一つの正解なのであり、ほかにも同等の、あるいはさらに優れた正解があるかもしれないからです。

(7) まとめ

　レビューの中で最も重要な点（著者の主要な論点、自分の研究にとって重要な論点、今後のリサーチで注意すべきことなど）をまとめます。このまとめを丁寧に仕上げると、次にどのような文献をどのような順序で読み、レビューするのがよいのか、というリサーチの進め方も明確になってきます。

4.4. 疑う勇気は研究のエネルギーである
　　　──問題の掘り起こし方

　関心のある研究領域なら、つねに想像力を働かせていろいろなことを考えているでしょうから、いざ論文を書く段階になると、多くのテーマが次々とあふれ出して、むしろテーマを絞り込むのに苦労するものです。しかし現実に、論文テーマが思いつかないで困っている学生や院生を目にすることもあります。そのような場合は、本章でご紹介したテキストレビューをいくつか書いてみてください。テーマは必ず固まってきます。
　それでもテーマが見つからない、という方のために、とっておきの問題発見テクニックをご披露しましょう。
　私たちは、説得的な主張に直面すると、反論を唱えるどころか、反

対の可能性を考えることさえしないのが普通です。しかし、研究に限らず、あらゆる主張には、それがいかに説得力を持つように見えても、論理的にはつねに反論が可能です。テキストを読みながら、「……である」という主張をいちいち、「……でない」と言い換えて、反抗してみましょう。そのうえで、反対が可能にならないか、どのような場合に反対が可能なのかをじっくりと考えてみるのです。太陽は不動の大地の地平線から昇り、地平線に沈んでゆく、という自然な感覚に依存した天動説の常識を疑うことによってコペルニクスは太陽中心説（地動説）を確立しました。あたりまえと思えることを不思議に思い、疑う勇気をもつことは、研究の第一歩です。

4.5. テキスト批評の応用範囲

このようなテキスト批評の方法は、自分の研究計画策定の段階でのコンセプトレビューにも有効です。自分の（まだ文章化できていない）研究のコンセプトを、テキストレビューの七つのステップにならってコンセプトレビューとして取り出し、文章化することは、研究をスタートするときの大きな助けになります。

テキスト批評は、ディベートの準備作業にも使えます。とくに「(6) テキストの評価」の手法は、破壊力のある立論や反論の構成に有効です。

さらに、刊行を目的としたレビューは、サーベイ論文、書評などと呼ばれます。

テキストレビューの作成は学術的テキストを正しく理解するスキルであると同時に、学術的テキストの作成スキルを磨くトレーニングとしても効果があります。研究論文は、自分が思うままを書く感想文とは異なり、様々な研究者（先行研究）との対話を通し、一定の学術的マナーに従って書かれた文章です。先行研究のテキストレビューを書

くことは、そのような学術的テキストを書く練習ともなります。

　この章の冒頭で、よい研究論文を書くためには、どれだけの研究書を読んできたか、という経験が大きくものを言うと申しましたが、それに加えて次のことを添えておきましょう——よい研究論文を書くためには、どれだけ学術的テキストを書く練習をしたか、という経験が大きくものを言います。

第5章

リサーチ（調査研究）の方法と結果の処理、そして解釈

5.1. リサーチ（調査研究）をどのように進めるのか？
　　　──その枠組み

　ここでは、自分で実際にリサーチ（調査研究）をおこない、その結果をもとにレポートや論文にまとめる作業を考えてみましょう。第2章で「レポートや論文とは、問いと答えと根拠がある文章である」と定義されたのを、覚えておられますね。ここではそれに対応させて、リサーチを「レポートや論文の内容となる問いと、その答えと根拠を探究する作業」と定義しておきましょう。

　図5-1は、ビジネス関係の本に掲載されていたマーケティング・リサーチの模式図ですが、自然科学等でも研究方法はそれほど変わりません。この図を参考にしながら、リサーチの手順を説明します。

(1) リサーチ目的の明確化

　リサーチ目的の明確化とは「問い」を立てることだと考えるとよいでしょう。たとえば、欧米の会社が日本進出に際して、

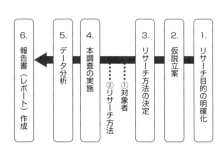

図5-1　マーケティング・リサーチの手順
出典：青井監修（2013）、p.47の図を一部改変

「アメリカで売れているある商品が、日本の消費者に受けいれられるか？」を知りたがっているとします。するとこの「問い」が、リサーチの目的（テーマ）となります。

(2) 仮説立案

「仮説」とは、根拠や証拠が不十分な段階でも、その時点での知識に基づいて、「答え」はこうなるだろうと考えられるものです。つまり、仮説とは暫定的な答えだと考えるとわかりやすいでしょう。マーケティングの場合だと、たとえば、仮説1は「何も変えなくても、売れる」、仮説2は「日本向けに多少デザインを変えれば、売れる」、仮説3は「どうやっても売れない」などと、複数になるかもしれません。このように、リサーチを進める際、とりあえず立てる仮説を「作業仮説」と呼びます。

(3) リサーチ方法の決定

次は、仮説のどれが正しいか、あるいはどれも間違いなのかを、できる限り明確に明らかにするための方法論を検討します。このマーケティングの例だと「市場調査」といって、日本の人々に対して、インタビューやアンケート調査などをおこなうことが考えられます。

インタビュー（あるいはヒアリング、聞き取り調査）は、その分野の専門的知識を持った人々（日本企業の人々や、経営学の研究者など）や、専門知識がなくてもその商品を購入する可能性のある一般の人々（消費者）に質問をして話を聞くことです。この場合は、必ずしも多数の人々を対象にしません。

それに対して、アンケート調査はたくさんの人々（数百人ないしは数千人）に質問に答えてもらって、その回答を数量的なデータにして、統計学的な分析にかけるものです（詳しくは5.3.節を参照）。これをおこなうためには当然に、ある程度の統計学的な知識が必要となりま

第5章　リサーチ（調査研究）の方法と結果の処理、そして解釈

す。どのようなデータを集めて、どのように分析すれば、どのような形で仮説を検証・反証できるのかということを、よく理解したうえで、調査票を設計しなければなりません（まずは少人数に対して、調査票に答えてもらい、誤解されやすい質問をしていないかなどを確認する「事前調査」も必須です）。

　上記の説明によって、インタビューが定性的調査（質的調査）で、アンケートが定量的調査であることがわかるでしょう。インタビューやアンケートの場合には、どのような人々を対象として調べるのか（＝調査対象）、どんな方法で調べるのかを、事前に慎重に決めなければいけません。

　研究テーマによっては、以上のような調査が必要でない場合もあります。哲学や思想、歴史や文化に関する研究なら、文献による研究だけで十分な場合もあります。あるいは、自然科学的なテーマの場合には、実物を用いた実験や、コンピュータ・シミュレーション等をおこないます。

(4) 本調査の実施

　インタビューやアンケートなど、調査方法が確定したら、実際の調査をおこないます。

　インタビューの場合、知識を持った人たちに実際に会いに行くか、電話をかけるなどして話を聞きます。最近では Zoom などのインターネット会議システムなどでもインタビューが可能になりました。あなたの自宅から、地球の裏側にいる専門家のお話を聞くようなこともできるのです。

　アンケート調査は、たくさんの人々に調査票に回答してもらって、その結果を MS-Excel などに入力して、回答を整理し、数量化可能なものは数値データにします。

(5) データ分析

アンケート調査をおこなった場合には、数量化されたデータを統計分析にかけます。マーケティング・リサーチの場合には、適切な調査対象に対して適切な調査票で質問がおこなわれていれば、分析を通じて、どのような人々がその商品を購入しそうか、商品をどのようにすれば選ばれる可能性が高まるか、といったことが検証できます。

経済学をはじめとする社会科学系のテーマだと、ご自分でアンケート調査等をおこなってデータを作成しなくても、政府等が公表したデータを収集して、統計ソフトで分析をおこなえば、仮説を検証する根拠として十分な場合も多いです（統計学の応用分野である計量経済学の知識が必要となります）。

(6) 報告書（レポート）作成

実際におこなった調査の結果に基づいて、「仮説」が検証されたか、反証されたと確信が持てるようになったら、それを報告書（レポート）や論文にまとめます。こうした文章は、図5-1に示された(1)～(6)のステップを、順を追って説明してゆくものと考えればよいでしょう（もちろん不要になった仮説や、最初は使おうと思ったが結局は使わなくなった方法論など、余計なことまで書く必要はありません）。レポートや論文の作成方法については、第2章を参考にしてください。

5.2. テーマの深め方

本節では、前節で説明したリサーチの第一段階、すなわちテーマ（問い）をどう決めるのか、について説明します。

5.2.1. テーマの深め方（1） どんな分野の視点で課題を議論するか？

総合政策学部では教員も学生も、それぞれ多様な分野に興味をお持

第5章　リサーチ（調査研究）の方法と結果の処理、そして解釈

表5-1　テーマの階層性

分野・階層	具体的な問題設定
自然科学（生物学）	生物にとって死とは何か？　そして、脳死とはどんな状態か？
応用科学 （医学・薬学・保健学）	脳死を医学的に判断するには？　臓器の摘出・移植にはどんな技術が必要か？　移植手術後のフォローをどうするか？
社会政策・経済・法	脳死についての法的定義をどうするか？　移植のコーディネート制度をどう整備するか？　移植にともなう費用をどうするか？　インフォームド・コンセントはどうするか？
哲学、倫理学	生命倫理から脳死・臓器移植をどう考えるか？　伝統的な死生観とどう折り合いをつけるか？　手術後の患者や遺族へのフォローは？

出典：住（1993）を参考に筆者作成

ちだと思います。一つのテーマに対しても、多種多様な視点・テーマがありえます。表5-1では、たとえば「脳死とそれを前提にした臓器移植」というテーマについて、気象学者の住明正（1993）にならい、自然科学から哲学・倫理学までの各分野・視点でどんな問題設定が可能か、考えてみました。

たとえば、自然科学の分野では「死とはどんな状態か？　ヒトの死を厳密に定義できるのか？」が疑問に感じられるかもしれません。経済政策に興味があれば「莫大な医療費をどのように保障するのか？」というテーマに引きつけられるでしょう。哲学に関心があれば、「医療倫理」に心ひかれるかもしれません。このように、まず、「自分の関心はどの分野・階層にあるのか？」考えてみましょう。

5.2.2. テーマの深め方（2）　一つのテーマをめぐる四つのレベル

もう少し、この話題を続けましょう。動物学でノーベル賞を受賞したニコ・ティンバーゲン（Tinbergen 1963）は、動物学で研究方針を定める際、近接（至近）要因、発達、機能、進化（究極要因）の四つのレベルがあると指摘しました。この四つのレベルを社会科学に応用したのが表5-2です。例にとりあげたのは日本の伝統社会における「入会（いりあい）」の制度です。「入会」とは「一定地域の住民が特

表 5-2 テーマの深め方

レベル	動物行動学	入会をテーマにすると
近接要因 (至近要因)	行動がどんなメカニズムで発現するのか？	共有資源(里山、沿海、水資源)を利用する際、どんなルールで運営しているのか？
発達	生物はどうやって行動を身につけるのか？ 遺伝か、学習か？	どのようにしてシステム／ルールを伝承、学習しているか？ 共同体での智恵の伝承システム(あるいは変容)を調べる。
機能	行動の機能＝何の役に立っているのか？	入会がコミュニティにとって、どんな機能を果たしているのか？
進化 (究極要因)	行動はどのように進化してきたか？ その要因は何か？	入会はどんな歴史的経緯から生まれ、発展してきたか？ 近代化で成文法に取り込まれたか？ 共同体自体は変化したか？

出典：筆者作成

定の権利をもって一定の範囲の森林・原野または漁場に入り、共同用益（木材・薪炭・まぐさなどの採取）すること」です（『広辞苑』第五版）。ヒューマン・エコロジーでは大事な話題ですね。

さて、四つのレベルはそれぞれ「入会の運営」「入会の習慣の学習や伝承」「入会がもつ社会的機能」「入会の歴史的経緯」等に読み替えることができます。

そのうえで、ご自分の関心はどのレベルにあるのかな？と考えてみて下さい。また、この「入会」を別のテーマ、「裁判制度」や「小学校教育」等に置き換えて、それぞれのレベルでどんなテーマがあるか、思考するのも面白いでしょう。

5.2.3. テーマの深め方（3） KJ法

演習ではグループで作業することが珍しくありません。その際に、ブレインストーミングによって表明されたみんなの意見をまとめるのに便利なスキルが、文化人類学者の川喜田二郎が提唱した「KJ法」です（川喜田 2017）。具体的な事例として図 5-2 を見て下さい。

これは、ある地下街の環境調査で、予備調査をもとに、本調査での重点項目を議論するために作成されたものです（水野 1978、p. 320）。

第5章 リサーチ（調査研究）の方法と結果の処理、そして解釈

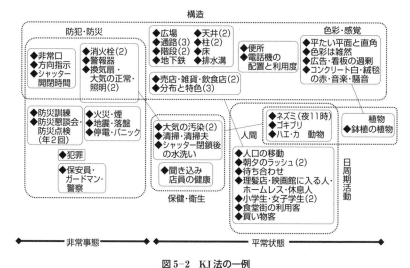

図 5-2　KJ 法の一例

出典：水野編（1978）p.320 の図 8-16 を一部改変

　メンバーは、予備調査で気づいたことを1テーマ1枚のカードに書き出します。一人で何枚書いてもかまいませんが、必ず1テーマ1枚にして下さい。そして、そのカードを磁石等で黒板等に貼ります。それから、テーマの共通性と相違性を目安に、カードを並べ替えていきます。類似したカードは近くに、異なるカードは遠くに動かすうち、いつのまにか整理され、問題点が浮かび上がります。これが企業でもよく用いられているKJ法の基本です。みなさんもぜひ、こうしたスキルを身につけましょう。

　こうして、あなた自身が最終的に何を知りたいのか、他者に何を訴えたいのかがわかったら、それをタイトルとしましょう。次に、もし必要ならば、より焦点を絞るため、サブタイトルを考えて下さい。例を挙げるなら、「日本における知的障がい者の現状と課題〜知的障がい者が自立できる就労のあり方とは、どのようなものなのか？〜」といった具合です。なお、タイトルは、そのタイトルを読んだだけで論文の内容がイメージできるものにしてください。タイトルかサブタイ

トルのいずれかが疑問文となるようにするとよいでしょう。よく他者の関心を引くためか、面白おかしいタイトルをつける人がいますが、自分が面白がっているだけで他人には何も伝わっていない可能性に注意してください。

5.3. アンケート調査について

アンケートでは、質問を調査票にまとめて、比較的多数の人々を対象として、回答してもらいます。多くの場合、質問に選択肢を提示して回答してもらう形をとれば、回答が容易に数値化でき、結果を統計ソフト等で分析することが可能になります。[33]

それでは、調査票を作るにはどうしたらよいでしょうか？（他の方法でも同じですが）最も大事なのは、「どうやったら知りたいことを知ることができるのか？」という「リサーチ・デザイン」を定めることです。アンケートでは、ふつう次のような項目を考慮しなければいけません（谷岡 2000）。

(1) 標本設計：　サンプル（研究対象、標本）をどうやって抽出するか？
　① 十分な数で、回収率が高い対象が望ましい（できれば300以上）。
　② 母集団[34]として輪郭がはっきりと定義できる集団を選ぶ。
　③ 比較が可能なサンプルであるかどうかを考慮する。

---

[33] **統計ソフト**：研究分野や調査対象によって、主に用いられているソフトが違ってきます。SPSSやStata、EViewsなどの統計パッケージが広く用いられています。MS-Excelでもある程度の分析は可能です。プログラミング方式を用いれば様々な分野に応用がききます。無料のプログラミング言語としては、RやPythonが広く用いられています（p.57のBox Ⅲ-2も参照）。

[34] **母集団**：調査で探究しようとする対象の全体。脚注19も参照。

(2) 時間的枠組み： 調査時期や回数（時間的枠組み）
　① 1回だけか、それとも反復調査か？
　② パネル式（同じ対象者に一定時間をおいて、反復的に調査する）か？

(3) 収集方法： 自記式か、他記式か？[35] 郵送か？ 電話インタビューか？
　郵送は回収率やコストに、インタビューは質問の誘導性の問題があります。

(4) 調査票の文言
　① わかりやすい質問か？ 言葉や用語を簡潔で単純にする。
　② 一つの質問文で、二つの内容を質問するのは避ける。
　③ 選択肢は相互に独立で、かつ網羅的（すべてをカバー）にする。
　④ レイアウトを工夫する。

(5) 分析方法： どんな方法で結果を処理するか？

　詳しくは、統計学や社会調査法の講義で学びますが、上述の(1)標本設計、(4)調査票の文言、(5)分析方法について、例を挙げて簡単に説明してみましょう。
　(1) 標本設計[36]では、「社会の平均値」を知るために、調査対象とな

35　**自記式・他記式**：回答者自身が調査票に記入する形式を自記式、調査者が回答者から聞いたことを記入していく形式を他記式と呼びます。

36　**標本設計**：アンケート以外の調査（たとえば工業製品の品質調査など）でも、母集団から適当なサイズのサンプル（標本）を抜き出して調査することがあります。どのようなサンプルをどれだけ、どのようにして抜き出すかといった「標本設計」が重要になります。「ご都合主義」に陥らないように注意を払わなければいけません（ゴニック＆スミス 1995、p. 97）。

る人々を無作為に選び出す「**無作為抽出法**[37]」を用いる必要があります。しかし、学生がおこなうアンケートの場合、この方法を採用することはほとんど不可能です。たいていの場合、「作為抽出」すなわち、身近な学生など、特定のカテゴリ（分類）に属する人々から集めたデータとなります。もっとも、作為抽出であることの問題点をあらかじめ自覚したうえで、調査のデザイン・分析・結果の解釈をおこないさえすれば、有益な成果を得ることができることも少なくありません。

先の(4)の説明で列挙した事項は、調査票を作る際の注意点です。社会調査の教科書（たとえば、盛山 2004）では、多くの場合、単独で1章が割かれており、一般に「ワーディング」と呼ばれています。ワーディングの問題への対処は、調査票が、作成者の意図どおりの機能を発揮するかどうかの生命線といえます。

盛山（2004）が例として挙げている「喫煙は健康に良くないのでやめるべきだ」という質問文について考えてみましょう。実は、この質問文には、ダブル・バーレル（一つの質問文の中に二つ以上の論点が含まれていること）というワーディングの問題があります。たとえば、「喫煙はやめるべきだと考えているが、その理由は健康に良くないからではない」という人は、この質問への回答に困ってしまいます。この例が示すように、質問文を作成する際には、調査者の意図が回答者に正しく伝わるように注意する必要があるのです。この作業は、とても重要であると同時に、最も時間と労力のかかるところの一つです。

(5)分析方法についても考えてみましょう。アンケートでは、「どうやったら知りたいことを知ることができるのか？」ということを念頭に調査票を作成するわけですが、それと並行して、どのような分析を

---

[37] **無作為抽出**：標本調査をおこなう際、標本を母集団から選出するのに、ある部分に偏しないよう、ばらばらに抜き出す方法。この目的で、さいころや乱数表などを使うことがある。任意抜き取り。確率抽出。ランダム・サンプリング（『広辞苑』第五版）。

おこなうかについても事前に決定しておく必要があります。ここでいう分析方法には、単純集計は含みません。単純集計とは単独の質問の回答を単純に集計し、平均などを求めることです。単純集計をすることは当たり前ですし、調査の目的が単純集計のみで達成できることは、ほとんどありません。ここでいう分析方法とは、二つ以上の質問に対する回答の関係を分析する**クロス集計、相関分析**[38]**、多変量解析**[39]などのことです。手法の一部は、第3章で紹介しましたが、より詳しくは専門の授業で学ぶようにしましょう。

　なお、当たり前のことですが、分析に使用する質問は、調査票に含めておく必要があります。つまり、「分析方法を決定する」ことと「調査票を作成する」ことは、表裏一体であり、並行して作業を進めるべきだということになります。この作業が不十分の場合、先生や先輩に対して「アンケートをしたのですが、どのように分析すればよいかわかりません」という悲しい質問をしなければならなくなりますので、十分に注意しましょう。「アンケートをすれば（単純集計の結果を羅列できるので）何かが言える」といった安易な考え方は間違いです。調査票の作成と分析方法の決定は、アンケートにおいて最も時間をかけるべきものです。思い切って断言しますが、調査票の完成（分析方法の決定）までで調査の七割程度は済んだも同然です。もちろん、調査票の配布・回収、データ入力やデータ解析、報告書の執筆も大切であり、時間もかかりますが、調査票が完成すれば、あとは一本道だからです。

　以上の説明からわかるように、アンケートはちょっとした思いつきではできません。事前に必ず先生に相談して、先行研究にあたるよう

38　**相関分析**：二つの変数間の関連性を数値（相関係数）であらわす手法（第3章、p.47参照）。
39　**多変量解析**：複数の変数間の関連性を分析するための手法の総称。重回帰分析、主成分分析、因子分析、クラスター分析などがある。

にして下さい。また、10～20人程度に試行して、質問項目や文言が適切か、事前にチェックして下さい。丹野は「はじめは質的調査をおこない、調査する対象について理論的枠組みを作り、仮説を立てます。つぎに、量的調査により、枠組みや仮説を検討します。そして、さらに質的調査によって修正するといった手順をくりかえします」と述べています（丹野 1994、p. 47）。

最後に、回答バイアスについて簡単に触れておきます（詳しくは、たとえば、谷岡 2000、pp. 141-190）。というのも、アンケート調査では、どんなに工夫しても、様々な人為的バイアス（歪み）が紛れ込むからです。[40]たとえば、環境評価等では、顕示選好法（人々の行動結果から評価）と表明選好法（アンケート調査によって分析・評価）という二つの方法の間で異なる結果が出ることがあります。この原因として、表明選好法では、「人は自分に有利になるようにウソをつく傾向がある」（戦略バイアス）、また「選択肢を並べると真ん中の答え、たとえば1～5を選ばせれば、「3」を選びやすい」（範囲バイアス）等の歪みが指摘されています。

5.4. アンケート調査（調査票調査）の例

アンケート調査（調査票調査）の実例を紹介します（泉 2005）。ここで紹介するのはみなさんの大先輩による卒業研究で、総合政策学部の学生（若者）を対象に友人および親との関係を調べた研究です。主なテーマは次の三つです。

---

[40] バイアス：標本設計・資料収集が適切におこなわれないと、バイアス（偏り・偏向）が生じて、とんでもない結果になったりします。アンケートについてのバイアスは、谷岡（2000、pp. 141-190）に詳しく記載されていますので、ぜひ、そちらをご覧下さい。

(1) 青年期[41]の若者は、自分自身を肯定的にとらえているか？ 文献を読むと若者たちは身体的・心理的変化により、自信喪失に陥りやすく、些細なことに不安になりがちであるとされています。自分自身を肯定的・否定的にとらえているかどうかは、青年期の友人関係を考えるうえで重要な要素かもしれません。

(2) 若者は親子関係と友人関係のどちらを重要視するか？ たとえば、友人関係は親子関係と同様に重要な関係なのか？ それとも、友人関係は親子関係以上の信頼感が存在しない、あくまで表面的な関係なのか？

(3) 友人関係は、自分自身への信頼に影響を与えているか？ 若者がちょっとしたきっかけで自信を失うとしたら、彼ら・彼女らはどうやって自信を取り戻すのか？ 友人関係が回復のカギをにぎるのではないか？

　回答者は関西学院大学総合政策学部生123名(男性63名、女性60名)です。アンケートの最初の部分を82〜83頁に図5-3、図5-4として掲載したので参考にして下さい[42]。

---

[41] **ライフサイクルと青年期**：人間のライフサイクルはふつう、乳幼児期、児童期、思春期・青年期、成人期、老年期の五段階に分けられます。思春期と青年期は一つながりに見られることが多く、成人期も含めこの三段階の境目は曖昧です。逆にいえば、その曖昧さについて探究することこそ、ここで紹介する研究の目標なのです。

[42] 本書掲載のアンケート用紙は2005年のものです。近年はWeb上でアンケートを実施する場合があり、その際の調査をおこなうためのツールやサービスの利用が増えています。

若者の自己概念形成と友人との関わり状況に関する
調査票調査への回答協力のお願い

　本調査票は、K大学S学部生を対象に、若者の自己概念形成と友人との関わり状況を調査することを目的としています。調査は無記名でおこなわれ、結果は集計後に公表されるため、個人が特定されることはありません。また、第三者に情報が流出することのないよう、情報管理を厳重におこないます。本調査の結果は、K大学S学部卒業研究論文の中で報告いたします。
　調査の趣旨をご理解いただき、回答にご協力いただけますようお願いいたします。

　　　　　　　　　　　　　調査企画・実施者：　K大学S学部××××
　　　　　　　　　　　　　問い合わせ先：　xxxxxxxx@xxxxx.ac.jp

問1　あなたの性別についてあてはまる番号に〇をつけ、（　）内に年齢をお書き下さい。
　　　　　　　　1.　女性　　　　　2.　男性　　　　（　　　　）歳

問2　現在のあなた自身についての考えをお伺いします。それぞれの文章をよく読んで、現在の自分にとって最もあてはまると思われる箇所に〇印をつけて下さい。

	よくあてはまる	ややあてはまる	どちらでもない	あまりあてはまらない	全くあてはまらない
a. 人にはそれぞれ自分なりの人生があるはずだ、と思っている。	｜	｜	｜	｜	｜
b. 自分自身の長所も短所も、ありのままに認めることができる。	｜	｜	｜	｜	｜
c. 物事には、前向きの姿勢で取り組んでいる。	｜	｜	｜	｜	｜
d. 自分の好きなことがやれている。	｜	｜	｜	｜	｜
e. 自分はのびのびと生きていると感じる。	｜	｜	｜	｜	｜
f. 自分自身を十分に信頼している。	｜	｜	｜	｜	｜

図5-3　アンケート調査票の導入部分の例

設問3-1　現在のあなた自身と友人との関係についてお伺いします。あなたの最も仲のよい友人を思い浮かべて下さい。それぞれの文章をよく読んで、それが現在の自分にとってどれくらいあてはまるかを考え、最も適していると思われる箇所に〇印をつけて下さい。なお、友人は、同性・異性を問いません。

	よくあてはまる	ややあてはまる	どちらでもない	あまりあてはまらない	全くあてはまらない
a. 友人との関係をわずらわしいと感じる。					
b. 友人に対して好意的になれない。					
c. 友人と真剣に話し合うことがある。					
d. 友人の前でもありのままの自分を出せる。					
e. 自主的に友人に話しかけている。					
f. 友人に対して、自分のイメージを悪くしないかと恐れている。					
g. 自分は友人より劣っているか、優れているか気にしている。					
h. 友人に気をつかいすぎて疲れる。					

（以下、省略）

図5-4　アンケート調査票の質問例

まず、前文で趣旨を説明し、ついでプライバシーの保護を保証します。[43] 次に、個人の属性として性別と年齢を尋ねます。どんな属性を尋ねるかは調査ごとに異なるので注意が肝心です（国籍、性別、年齢、居住地、職業、家族関係など）。何を尋ねなければならないかは、調査目的によって決まります。繰り返しになりますが、尋ね忘れのないように、調査票の作成と分析方法の決定を同時におこなう必要があります。

　問2からは質問文です。この論文の先行研究の、平石（1990）による「自己肯定意識尺度」から、「人にはそれぞれ自分なりの人生があるはずだ、と思っている」等の6項目の質問が作成されました。ついで、「友人および親に対する満足度の測定」について、同じ平石の研究から、設問3-1に示す8項目の質問を作りました。なお、この本では省略していますが、この調査票には、そのほかにも様々な質問が用意されています。

　それでは、アンケート結果はどのように集計・分析されるのでしょうか？　図5-5はデータを入力したExcelのシートの一部です。各行が、一人の方からの回答です。たとえば、データの3行目、番号1の方は女性で、19歳、「自分なりの人生があるはずだ」と強く思うが、「長所も短所もありのままに認めているか？」には「どちらでもない」、「前向きの姿勢で物事に取り組んでいるか？」には「ややあてはまる」と回答しています。味も素っ気もない表ですが、これが分析の始まりです。次に、このデータを統計ソフトに読み込ませます。図5-6は、この種の分析で広く使用されているSPSSという統計ソフトに図5-5

---

[43] 当時よりも調査に関わる倫理規定が厳しくなっています。研究者は回答者に不利益をもたらすことがないように吟味し、調査開始前に研究内容と、データの取り扱いおよび発表方法を十分に説明したうえで、回答者の自由意志に基づく同意を得なければなりません。また回答者の人権を尊重しなければなりません。たとえば、調査用紙の性別の枠には男女だけでなく「その他」の選択肢も必要です。その他の倫理規定は、関西学院大学の倫理審査に関する手続きや、日本心理学会等の各学会が公表している倫理規定等を参考にしてください。

第5章　リサーチ（調査研究）の方法と結果の処理、そして解釈

図5-5　アンケート結果を入力したExcelのデータシート

出典：泉（2005）

図5-6　統計ソフト（SPSS）に読み込んだデータシート（図5-5と一部異なります）

出典：泉（2005）

のデータを読み込ませたものです。

　まずはSPSSで単純集計をおこないます。ここでは、「人にはそれぞれ自分なりの人生があるはずだ」に対する回答について分析をしてみます。SPSSで、「分析」→「記述統計」→「度数分布表」と進み、分析対象の質問を選択して、「ＯＫ」をクリックします。結果は瞬時に出力されます。この質問に対する回答は、「よくあてはまる」が81例、「ややあてはまる」が39例、「どちらでもない」が2例、「あまりあてはまらない」が1例でした（「全くあてはまらない」はゼロでした）。回答者の総合政策学部生のみなさんは、自分の人生についてとてもポジティブであるといえそうです。

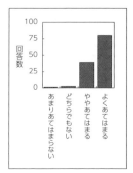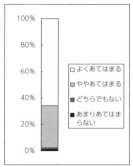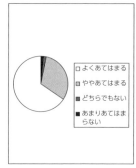

図5-7 棒グラフ（左）、帯グラフ（中央）、円グラフ（右）
「人にはそれぞれ自分なりの人生があるはずだ」と思うかという質問に対する回答
出典：泉（2005）

　もっとも、数値の羅列では印象的でありません。ぜひグラフを作りましょう。図5-7は、回答の集計結果をそれぞれ棒グラフ（左）、帯グラフ（中央）、円グラフ（右）で示したものです。このように同じ資料でいくつもグラフが描けて、かつ読者に与える印象は様々ですが、この例では円グラフが妥当でしょう。Box V-1に記したように、レポート等では適切なグラフを使うことが肝要です。
　さて、集計から、約3分の2の人は、「人にはそれぞれ自分なりの人生があるはずだ」という考えに「よくあてはまる」と回答したことがわかりました。彼ら・彼女らは青年前期の身体・社会的成長から生じた不安や迷いを受けいれ、すでに精神的にも安定している、と推測されます。日本人は他国に比べて謙虚であるとされてきましたが、現代は、欧米諸国の思想の影響もあって、自己肯定意識が高くなっていると結論できるかもしれません。なお、データの入力（入力ミスがないかどうかの確認も含む）には、相当の時間を要しますが、それさえ済めば、あとは統計ソフトが素早く計算してくれます（統計についての基礎知識を持たないと、ある意味では非常に危険なのですが。こうした点については、ぜひ、第3章をお読み下さい）。

> **Box Ⅴ-1　グラフの種類とその適切な扱い方**
>
> 　図5-7に紹介したように、Excelや統計ソフトを使うと、一つの統計資料から何種類ものグラフができます。一方、レポートやプレゼンテーションでは、そのうちの一つを選ばなければなりません。つまり「どのグラフを使えばよいか？」を考えなければいけないのです。山本（2005）はグラフ作成の目的を、比較、内訳、推移、分布、相関等の表現として、代表的なものとして、以下のグラフを挙げています。
>
> (1) 棒グラフ：各項目の量の比較や表現に適しています（図5-7左）。なお、ヒストグラムとの違いに注意しましょう。ヒストグラムとは、間隔尺度あるいは比率尺度のデータ（たとえば、テストの得点など）を、いくつかの区間（階級）に区分し、各区間の度数を柱状図として表したものです。棒グラフとヒストグラムの大きな違いとして、ヒストグラムの場合には、連続した区間で集計して分布状況を表現するため、間隔をあけずに棒を並べる点があります（山本 2005）。
> (2) 帯グラフ：全体に対する構成比（内訳）等を把握・比較するのに適しています（図5-7中央）。
> (3) 円グラフ：帯グラフと同様に、全体に対する構成比（内訳）等の把握・比較に適しています（図5-7右）。その代わり、帯グラフや円グラフでは、細かな量的比較が難しいので、数値を表示して情報を補うこともあります。
> (4) 折れ線グラフ：線がつながって見えるため、値の変化等の推移を表現するのに適しています。
>
> 　このほか、二つの変数の相関等を調べる場合に、標本の分布状況を表現する散布図（図3-5、p.47）等もよく使われます。
>
> 　Excelや統計ソフトでは、さらに面グラフ、ドーナツグラフ、レーダーチャート等の様々な形式のグラフが使えるうえに、三次元グラフ等も作成可能です。したがって、グラフ作成には、把握・表現したい内容に基づき、それにふさわしいグラフを選ばなければなりません（山本 2005）。
>
> 　このほか、グラフの作成にあたっては、縦軸と横軸をどのように決めるか、軸の目盛りをどうするか（対数グラフや片対数グラフ等もあります）、グラフの要素をどう並べるか、グラフの要素の太さや色をどう表現するかなど、様々なことを考慮する必要があります。

　単純集計が済んだら、二つ以上の質問に対する回答の関係を分析してみるとよいでしょう。これらの分析は、調査の実施前にあらかじめ設定していた作業仮説に基づきおこなっていくことになります。ここでは一例として、「自分なりの人生があるはずだ」に対する回答には男女差があるのかを検討してみたいと思います。「自分なりの人生が

あるはずだ」の回答は5カテゴリの順序尺度ですが、「どちらでもない」あるいは「あまりあてはまらない」と回答した人は全体で3名と少なく、「全くあてはまらない」と回答したケースはありませんでした。

よって、ここでは「よくあてはまる」と「ややあてはまる」の間で区切ることで二値化して分析を進めます。具体的には、「よくあてはまる」と答えた人を自分の人生に対してポジティブな人とみなし、それ以外の「ややあてはまる」「どちらでもない」「あまりあてはまらない」と答えた人を自分の人生に対してポジティブでない人とみなしたことになります。表5-3がクロス集計の結果ですが、男女で回答に差はなさそうにみえます。

念のため、統計的に有意な差がないことを、統計的検定をおこなって確認してみましょう。この場合、性別と「自分なりの人生があるはずだ」との関連について、独立性のカイ二乗検定をおこなうなどの方法があります（カイ二乗検定に関しては第3章の3.2.6項で紹介していますので、詳しくはそちらをご確認ください）。このデータについて独立性のカイ二乗検定をおこなった結果が表5-3の下に示されています。それによればカイ二乗値は0.034、自由度は1、有意確率（p値）は0.853となり、統計的に有意な結果とはなりません（有意水準が5％の時、有意確率が5％より小さくなれば統計的に有意とされます）。

表5-3 クロス集計の例:
「自分なりの人生があるはずだ」に対する回答と性別の関係

	ポジティブである	ポジティブでない	計
女性	40 (66.7)	20 (33.3)	60 (100.0)
男性	41 (65.1)	22 (34.9)	63 (100.0)
計	81 (65.9)	42 (34.1)	123 (100.0)

数値は人数（行パーセント）

$\chi^2 = 0.034$（自由度は1）、有意確率（p値）は0.853

出典：泉（2005）に基づき筆者作成

つまり「ポジティブさ」には男女差がみられないということです。

　統計ソフトを利用して、単純集計・クロス集計・検定をおこなう方法は、「統計学」や「データ解析」「社会調査法」等の講義で詳しく学びます。

課題4　アンケート調査の調査票を実際に作ってみましょう。また、自分たちで実際に記入し、集計作業もおこなってみましょう。自分ではうまく作ったつもりの質問文が相手にまったく伝わらない等、いろいろなことに気づくはずです。

5.5. インタビュー調査と参与観察
　　　——フィールド・ワークのススメ

　先にも触れたように、アンケートが大量のデータを駆使して定量的調査をおこなうのに対して、インタビュー（面接）や参与観察[44]では少数の人々を対象に定性的な調査をすることが一般的です。両者は対立する二つの方法ではなく、むしろ相補的な関係にあります（佐藤1992）。

　ここでは、イギリスの社会学者P・ウィリスによる参与観察『ハマータウンの野郎ども』（ウィリス1996）を紹介しましょう。テーマは「イギリス新制中学に在籍する労働者階級の子弟たちが学校や制度に反抗しながら、結局、父親たちと同じく労働に順応していくのはなぜか？」です。ウィリス自身の言葉を借りると、調査は「統計学的な定量分析ではなく、被調査集団に参入しておこなう定性的な記述方法、つまり、文化人類学的な生活誌の方法」で、「授業を含むあらゆる学校生活と

---

[44]　**参与観察**：社会学や人類学では一般的な方法ですが、研究者が長期間対象の集団に密着して、インタビューや直接観察を中心に調査をおこなうことを指します。

放課後の気ままな活動には、筆者自らその場に出向いて観察」したものです。このように、この研究はフィールド・ワークの色彩が濃いものです（ウィリスはさりげなく「この現実をイギリスについて実証する統計結果は無数にあり、どれも大同小異である」と付け加えており、統計をあまり好いていないようです）。それでは本書から、映画『時計じかけのオレンジ』等をどことなく連想させるやりとりを紹介しましょう。

> 筆者（ウィリス）： その先生、どうして「指輪を取れ」なんて言ったのかな？
> ジョウイ（「野郎ども」の一人）： ちょっとした見せしめのつもりだろ。教師ってよくそんなことをすんのさ。急に気が変わってネクタイを締めなおさせてみたりね。教師の気まぐれにはほんとにうんざりさ。（中略）
> 筆者： 教師のことを、みんなは敵かなんかのように思っているのかい？
> （だれということなく）： そう。そんなとこだ。たいがいはそうだ。
> ジョウイ： 人生、ちょっぴりおもしろくしようと思うんなら、教師がしてくれたことになにかお返しをしてやることだよ。
> 　　　　　　　　　　　［ウィリス（1996）、p. 33、一部改変］

「インタビュー」の比重がさらに大きくなると「聞き取り調査／ヒアリング」に、さらに情報提供者（インフォーマント）の声がメインになると独白体の「語り＝聞き書き」等に移行します。聞き書きの最も優れた例にアメリカのジャーナリストS・タークルの『仕事！』があります（タークル 1983）。プロ野球選手から消防士まで、135人のアメリカ人が、自分がたずさわる115種の「仕事」を淡々と語るさ

第5章　リサーチ（調査研究）の方法と結果の処理、そして解釈

まには圧倒されるだけです。たとえば、この分厚い本の冒頭、一人の製鋼所労働者が切り出します。

> おれは滅びつつある人種、肉体労働者だ。ずばり筋肉労働……あげたり、さげたり。1日4、5万ポンドの鉄鋼を扱う。（笑う）……誰かがピラミッドをたてたのさ。なにをたてるにしたって、誰かがたてるのさ。ピラミッド、エンパイヤ・ステートビル、ただなんとなくできた、というようなもんじゃない。うしろにゃ、きつい仕事があるってもんよ……壁にずらっとレンガ工、配電工から何から何まで、一人一人の名前が刻まれているのを見たいもんだよ。それで、おっさんが息子を連れてきたりして「ほら、四五階のあそこに、おれの名があるだろ。おれが鉄骨をいれたんだ」という。ピカソは絵を指さすことができる。おれはなにを指させるというのかね。作家は本を指させる。誰もが、指さすことができる「自分の仕事」を持つべきなんだ。
>
> 　　　　　　［ターケル（1983）、pp. 39-40、文中一部を省略・改変］

　インタビューの結果を「ルポルタージュ[45]」としたり、政治家や経営者に長時間インタビューした結果を「オーラル・ヒストリー[46]」としてまとめたりする仕事も出てきています。いずれにしても、インタビューや現地調査は研究対象・情報提供者（インフォーマント）の人々と親しい関係（人類学では「ラポール（rapport）」と呼びます）を、

45　**インタビューとルポルタージュ**：ジャーナリズムでは、ルポルタージュという分野があります。「現地報告」を示すフランス語が語源ですが、優れたルポルタージュは立派な「文学作品」だったり、「研究」になることもめずらしくありません（佐藤 1992）。たとえば、明治初期に東京のスラムにもぐりこんでいわば「突撃取材」をおこなった、松原岩五郎の『最暗黒の東京』（松原 1893）もおすすめです。

46　**オーラル・ヒストリー**：政治家や経営者に長時間におよぶインタビューをおこない、政治や経営における意思決定過程を分析する手法（御厨 2007）。

築き上げながら進めます。その際、インタビューをお願いした方々に敬意を払うとともに、プライバシーの尊重[47]を忘れてはなりません。

5.6. 公刊データをうまく使いこなそう

　リサーチの目的によっては、公表されているデータ（2次統計）の分析が有用です。政府やその他の機関が、自分たちが知りたいと思うことに近いデータを集積していれば、それを駆使して自分たちの仮説・主張を補強できるのです[48]。

　たとえば、経済問題や国際問題では、公刊された統計資料をさらに自分で分析しないと、わからないことが多々あります。この場合、なにより重要なのは、どこにどんな社会統計が存在するのかを知ることです。神戸三田キャンパスでも、かなりの国際データを電子媒体で購入しています（第3章、3.3.節を参照）。

---

[47] **プライバシーの尊重：** インタビューの承諾の際、匿名性の保障等の約束を、インタビューを受けてくれる方との間でかわして下さい。

[48] **政府等が公刊したデータの扱い：** 著作権法では、国や地方公共団体等が作成した資料の扱いは下記のとおりです。
　　第三十二条二項　国若しくは地方公共団体の機関、独立行政法人又は地方独立行政法人が一般に周知させることを目的として作成し、その著作の名義の下に公表する広報資料、調査統計資料、報告書その他これらに類する著作物は、説明の材料として新聞紙、雑誌その他の刊行物に転載することができる。ただし、これを禁止する旨の表示がある場合は、この限りでない。

第 6 章

プレゼンテーションの技法

6.1. まずは優れたプレゼンを聞いてみよう

　本章が対象とするのは、プレゼンテーション・ソフト（パワーポイントなど）やポスターなどの視覚補助情報を用いながら口頭でおこなうプレゼンテーション（プレゼン）です。総合政策学部では毎年秋学期におこなわれるリサーチフェアや研究会、演習の報告など、様々なプレゼンテーションの機会があります。

　2000 年代の末頃から、TED（テッド）と呼ばれる世界的なプレゼンテーション・イベントが注目を集めました。ここでは、世界的な科学者や政治家、芸術家などが、多くの聴衆を相手に興味深く印象深く感動的なプレゼンテーションをおこなっています（Box Ⅵ -1）。[49] プレゼンターは、この世界をよりよいものに変えるために、自分の専門知識や経験を共有し、聴衆を動かそうと言葉を尽くします。この影響を受けて、研究者のプレゼンテーションも（たとえば研究のための資金を提供してく

---

[49] **TED**：TED は世界的なプレゼンテーション・イベントです。その名称は Technology Entertainment Design（技術・娯楽・デザイン）の略ですが、発表者（プレゼンター）はその分野に限られません。これまでにおこなわれたプレゼンはホームページで見ることができます（https://www.ted.com/）。主に英語で発表されますが、設定を変えれば日本語等の字幕を表示することができます。

れる人々に対して）興味深く、時には感動的なものが求められる局面が増えてきました。みなさんは、このような印象的なプレゼンと、手堅い学術的なプレゼンとの間の、バランスのよいものを目指すとよいでしょう。

　本章ではレポートやレジュメ（配付資料）の内容には問題がないことを前提にして、プレゼンテーションの心構えやスライド作成の注意点、そして発表でのポイントを説明し、プレゼンテーションにおいて初心者が起こしがちな誤りとその防ぎ方を紹介します。

Box Ⅵ-1　おすすめ TED プレゼン 10 選

　百聞は一見に如かず。みなさんも一度 TED のプレゼンを見てみましょう。過去に実施されたプレゼンの多くが、TED のホームページから視聴できます（https://www.ted.com/）。ここでは資料の見せ方や語り方のすぐれた、おすすめの 10 選をご紹介します。

　英語で語られていますが、日本語字幕翻訳が用意されている場合は、設定によってそれを表示させることが可能です。留学生の方々にも、中国語や韓国語をはじめ、みなさんの母語の字幕も利用可能な場合があります。

ロバート・ラング（数学者）「数学と折り紙の魔法」2008 年
　　　https://www.ted.com/talks/robert_lang_the_math_and_magic_of_origami?subtitle=ja
ロブ・レガート（映画制作者）「迫真の映像の作り方」2012 年
　　　https://www.ted.com/talks/rob_legato_the_art_of_creating_awe?subtitle=ja
ハンス・ロスリング（公衆衛生学者）「私のデータセットであなたのマインドセットを変えてみせます」2009 年
　　　https://www.ted.com/talks/hans_rosling_let_my_dataset_change_your_mindset?subtitle=ja
アル・ゴア（元政治家）「気候変動への取り組みを「常識」とするために」2021 年
　　　https://www.ted.com/talks/al_gore_how_to_make_radical_climate_action_the_new_normal?subtitle=ja
ルトガー・ブレグマン（歴史家）「貧困は人格の欠如ではなく金銭の欠乏である」2017 年
　　　https://www.ted.com/talks/rutger_bregman_poverty_isn_t_a_lack_of_character_it_s_a_lack_of_cash?subtitle=ja
セバスチャン・サルガド（写真家）「写真の静かなドラマ」2013 年
　　　https://www.ted.com/talks/sebastiao_salgado_the_silent_drama_of_photography?subtitle=ja
ダニエル・ピンク（作家）「モチベーションの謎」2009 年
　　　https://www.ted.com/talks/dan_pink_the_puzzle_of_motivation?subtitle=ja

第 6 章　プレゼンテーションの技法

> エルネスト・シロッリ（作家）「人を助けたいなら黙って聞こう！」2012 年
> https://www.ted.com/talks/ernesto_sirolli_want_to_help_someone_shut_up_and_listen?subtitle=ja
> ハンス・ロスリング（公衆衛生学者）「魔法の洗濯機」2010 年
> https://www.ted.com/talks/hans_rosling_the_magic_washing_machine?subtitle=ja
> ガリー・カスパロフ（チェス棋士）「知性を持つ機械を恐れるな、協働せよ」2017 年
> https://www.ted.com/talks/garry_kasparov_don_t_fear_intelligent_machines_work_with_them?subtitle=ja

ここから、6.2. 節から 6.5. 節にわたって、プレゼンの作成から実施までに気をつけるべき 15 個のポイントを説明します。

6.2. プレゼンテーションの心構え

ポイント①　プレゼンテーションはコミュニケーション

TED のプレゼンを見てみれば納得できると思いますが、最初に知っておくべき大事なポイントは、プレゼンテーションとはコミュニケーション（メッセージの伝達）である、ということです。プレゼンでは、あなたが調査研究した内容が興味深くエキサイティングで、重要なものだということを伝えるようにしましょう。うまくいけば、聴衆が貴重な助言をくれたり、研究や活動の仲間になってくれたりするかもしれません。プレゼンは言葉（と、写真や動画など）による伝達なので、論文を書く場合とは少し違った心構えが必要です。たとえば、論文ではあなたの感情を込めることは否定されますが、プレゼンでは聴衆を感動・感銘させることが推奨されます。

ポイント②　プレゼンテーションの目的と聴衆の確認

プレゼンにおいて重要なのは、あなたの満足ではなく聴衆の満足です。最初に「プレゼンテーションの目的」を把握し、次に聴衆はどういう人か、何人来場するのか、年齢や性別の構成はどうなっているのか、

彼らの目的は何かを把握します。また、特定の領域の専門知識を前提にできるかどうかも事前に把握しておきます。たとえば統計や経済などの知識を前提にできるなら、発表時にこうした用語の説明は省略できます。しかし、予備知識を前提にできない場合は、専門的な用語の使用を避ける、あるいは最小限の説明をして使う、といった配慮が必要になります。また発表会では、前後の発表の有無や発表タイトルなどもわかれば、そうした情報も参考に内容を調整することができます。

このように述べましたが、基礎演習や上級のゼミにおいては、発表の場のほとんどは授業時間内で、聴衆は主にクラスメートです。彼らの持っている知識で理解でき、興味深く聞いてもらえるようなものを作り上げましょう。

ポイント③ 日時、会場、設備の確認

多くの場合、事前にホームページや発表要領などの書面で、主催者から会場や利用可能な機器類について連絡があります。確認すべき事項としては、会場の機器設備、PCやプロジェクタの有無、スクリーン、マイクや照明の有無とこれらの機器の操作の可否です。会場については、広さ、明るさ、聴衆との距離、位置関係（ステージ上で話すのか、聴衆と同じ目線で話すのか）や、演台とPC、スクリーンとの位置関係（PCとスクリーンとの距離が遠い場合、レーザーポインタや指示棒の有無）を確かめます。発表前には時間的な余裕をもって、会場設置や機材のテストをできるようにスケジュールを組みます。

ポイント④ 持ち時間の確認

発表会場の確認と同時に発表日時、自分の持ち時間の長さ、その時間に質疑応答の時間が含まれるかどうか、といった基本事項を確認します（参考までに、TEDでは発表時間は18分未満に設定されています）。定められた時間内に発表を完了するには、丁寧な準備が不可欠

です。発表者は、与えられた発表時間をオーバーしないように準備しましょう。

6.3. プレゼンテーションの組み立て方

ポイント⑤　プレゼンテーションの構造

プレゼンテーションの構造は、基本的には論文と同じだと考えてよいでしょう。つまり、問いと答えと、根拠が語られる必要がある、ということです。プレゼンテーションは、1尾の魚に例えることができます。問題提起という頭と、結論（答え）というしっぽが、1本の背骨でつながっていなければなりません（図6-1）。この魚が2匹以上いるようなプレゼン（最初に挙げたテーマと無関係な話にずれてゆくようなもの）や、最後のところでしっぽ（結論）がなかったり、別の魚の頭が出てきたりするようなプレゼン（最後あたりで無関係な話に突入するもの）は失敗作です。背骨をしっかりさせたうえで、小骨（詳細な情報）を組み込んでゆきます。

プレゼンの要点はこれだけではありません。論文と違って感動や感銘を与えなければいけないとすれば、どのような点が重要でしょうか。

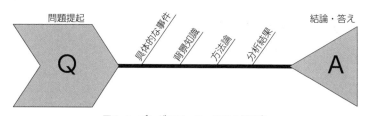

図6-1　プレゼンテーションは1尾の魚

出典：筆者作成

ガー・レイノルズの『シンプルプレゼン』(レイノルズ 2011、pp. 36-39) は、ハース兄弟の『アイデアのちから』(ハース＆ハース 2008) の考え方を引いて、プレゼンテーションには SUCCESs が必要だと述べています。これは、Simplicity (シンプルさ)、Unexpectedness (意外性)、Concreteness (具体性)、Credibility (信頼性)、Emotion (感情に訴える)、Story (ストーリー) の略です。これは内容についても、スライド等の資料の示し方についてもいえることです。ただ単に統計数値や事実を羅列するだけでは、聴衆に感銘を与えることはできません。[50]

　聴衆に訴えかけるプレゼンでは、冒頭でいかに聴衆の心をつかむかが重要です。最初に具体的な事実 (ニュース映像、新聞記事、自分の体験を示す写真など) を示して、聴衆と問題を共有しましょう。具体的な事実を示したうえで、抽象的な理論や、分析方法、調査結果の説明、分析結果の説明、結論へと進んでゆくとよいでしょう。話の構成は、起承転結とか序破急などにこだわる必要はありません。聴衆が最後まで (眠くなることなく) 興味深く聞いてくれて、あなたが伝えたい内容を理解してくれる (できればあなたが提示した問題を解決するために、ともに行動してくれる) ことが目標です。

　なお、語句の定義や概念などの説明を続けてゆくうえで、「では次に○○を説明します」と言うよりも、「○○とは何でしょうか、それは……」と言って説明してゆく方が、聴衆の興味を持続できます。これも、論文では不要ですが、プレゼンでは有効な、ごく簡単な工夫です。覚えておきましょう。

---

[50] 感銘を与えるプレゼン：TED でおこなわれるようなプレゼンの技法については、ガー・レイノルズの著書 (DVD 付き) で説明されていることが非常に参考になります。『シンプルプレゼン』は 85 分の DVD が付いているので、授業時間内で視聴するのにおすすめです (レイノルズ 2011)。

6.4. プレゼンテーション・ソフトによるスライドの準備

　本節ではマイクロソフト社のパワーポイント（PowerPoint）などのプレゼンテーション・ソフトの利用を前提に、スライドの作り方や注意点をまとめます。

　スライドを作成する場合、1枚ごとのレイアウト、文字の選択（フォント、大きさ）、字数、ヴィジュアル（視覚的な補助資料）を効果的に活用する必要があります。私たちのコミュニケーションは多様な記号を活用しながら成り立っています。プレゼンテーションにおいても、言語記号（目に働きかける文字、耳に働きかける言葉）と非言語記号（目に働きかける絵・ダイアグラム・表・イメージなど）を上手く組み合わせることで豊かなプレゼンテーションが可能になります。これらの基本はポスター制作においても同じです。ここではスライド作成に特化しながら項目ごとに注意点を説明します。

　ポイント⑥　パワーポイントのスライド準備枚数
　与えられた時間に対して、パワーポイントのスライド枚数は、何枚がふさわしいというルールはありません。重要なことは、聴衆と問題を共有するための写真や動画、キーワードが充分に表示されているということです。とくに、日本語は同音異義語が多く、とりわけ専門用語などは、耳で聞いただけでは正しく脳内で「漢字変換」することが難しいので、キーワードは必ずスライドに表示するようにしましょう。

　ポイント⑦　スライド作成時の注意点
　スライドはシンプルで明瞭なものを心がけます。Box Ⅵ-2 に代表的な例を示したうえで、以下に説明を加えてゆきます。

Box Ⅵ-2　良いスライド、悪いスライド、普通のスライド

ここでは参考例として、いくつかのスライドを示します。

(a) デフォルト（初期設定型）スライド　　(b) シンプルなスライド

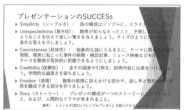

(c) 大きな写真と最小限の説明　　(d) デフォルト設定のグラフ

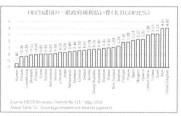

(e) フォントと強調で見やすくしたグラフ　　(f) 要素を絞って見やすくしたグラフ

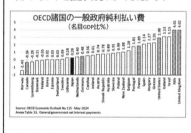
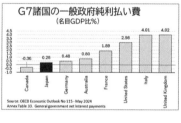

出典：筆者作成

[1] 統一した書式で作成

　私たちが日常的に使用している複数の記号を１枚のスライドに配置する際に気をつけなければならないことは何でしょうか？ それは

オーダー（秩序）です。スライドは基本的に横書きで構成されます。これをオーダーの基本に据えると、情報の流れはおのずと「左から右」「上から下」となります。またスライドには、主題を示す見出し部分とそれを支持するために必要な根拠を表す部分が必要です。これらを活かし基本レイアウトをデザインし、ページ間で踏襲するとよいでしょう。利用すべき色のバランスに自信が持てないときは、同系色で配色することを心掛け、色数を増やしすぎないように注意しましょう。

　具体的には、見出し文字のフォントとフォントサイズ、強調するときのフォントや文字色、スライドデザインなどは統一性を持たせます。強調したい対象ごとにテーマカラーを設定し、図表の線やフォントの色を統一しておくとよいでしょう。ただしパワーポイントの「テーマ」を設定して背景画像を表示させるのはおすすめしません（Box Ⅵ-2(a）を参照）。あまり意味のない画像が文字を邪魔しますし、説明用の資料や文章のために使えるスペースが狭くなるためです。

　とくにこだわりがなければ、真っ白な背景に真っ黒な文字を用い、強調するところだけ赤色や青色などを用いるとよいでしょう。

　デフォルト（初期設定）では「游ゴシック」という線の細い書体が表示されますが、これは見にくいので変えた方がいいです。視覚に関する何らかの障害をもった人たちへの配慮のために、線の細い書体や明朝体を避けて、ユニバーサルデザイン系（UD系）のゴシック体や教科書体のフォントを用いて、大きく表示することをおすすめします（Box Ⅵ-2(b）を参照）。また、なぜかパワーポイントの初期設定では行間が0.9行に設定されているので、広げておくべきです。

[2] 一つのスライドには一つのメッセージ

　1枚のスライドで言いたいこと（メッセージ）はできるだけシンプルに絞り込みます。「一つのスライドで1枚の写真や図・表とその解

説を表示する」というような構成が推奨されます。Box Ⅵ-2 (c) では、画面いっぱいに写真を表示して、その上に背景黒色のテキストボックスを貼り付け、大きな白い文字で簡潔に説明を加えています。Box Ⅵ-2 の (d)～(f) はグラフの例です。Excelでグラフを作成するとなぜか、デフォルト設定では薄いグレーの文字や線、要素が表示されますので、できる限り真っ黒で明瞭なものに変え、文字を大きくしましょう。

スライドの図表や写真、文章には、必ず一つ一つ確実に出典を示すようにしましょう（小さい文字で大丈夫です）。これが信頼性 (credibility) につながります。

こうして適切に作成されたスライドを、適切な順序に並べて、ストーリーを構築してゆきます。

[3] キーワード、箇条書き、文章

TED に登場するような最近のプレゼンのスライドでは、画面いっぱいの写真（に若干の解説）や、画面いっぱいにキーワードの表示、などの表現方法がよく用いられます。TED などでは、箇条書きで長い文章を表示して説明すると、退屈なプレゼンになりがちなので、避けるように指導されているようです（Box Ⅵ-2 (a)）。パワーポイントでは「タイトルを入力」「テキストを入力」などと示された枠が登場しますが、ひょっとすると、これを削除することから始めるのがよいかもしれません（そのようにして作成されたのが Box Ⅵ-2 (c) です）。

もちろん、学術的なプレゼンではこのようなタイトルや箇条書きも必要な場合が多くあります。基本的にスライドには「文章」は書きません。しかし、言葉を定義する場合や、書籍からの引用の場合には、長めの文章を表示する必要も出てきます。文章を表示した場合には、発表者は表示されたとおりに読み上げることが推奨されます（目で読んでいる文章と、耳で聞いている文章が少しでも違うと、聴衆は混乱します）。

[4] 画面構成、色使い、フォントサイズ

　パワーポイントには「デザイン」などと称して、美しい背景画像などが用意されています（Box Ⅵ-2 (a)）。しかし、このようなものを用いることはおすすめしません。画面デザインの自由度が制限されるうえ、聴衆の理解には何の役にも立たないからです。むしろ過剰な装飾がノイズとなって、理解の妨げになることがあるので要注意です。先述のように、真っ白な背景画面に設定して、画面いっぱいに写真や図表を用いたり、黒・青・赤の明瞭な文字でキーワードや文章を示す方がよいでしょう（真っ黒な背景画面に真っ白を基調とする文字でもかまいません）。

　文字フォントのサイズは、40ポイント以上の大きなものを使用することを、基本に考えるとよいでしょう。スマートフォンの画面（あるいは名刺程度のサイズの画面）で表示しても判読できるような文字にしておくことが推奨されます（Box Ⅵ-2 (a) と (b) を比較）。その基本を念頭においたうえで、必要に応じてより小さいフォントを用いることも可能です（最低でも24ポイント以上）。

　効果的な色使いについては、本書では詳しく説明しませんが、デザインの観点からこれを論じた書籍がありますので、参考にしてください（たとえばレイノルズ2014を参照）。

[5] ヴィジュアル（視覚的な補助資料）

　言語記号による情報提示のほかに、ヴィジュアルと呼ばれる、より視覚的な情報を補助資料として利用することも有効です。具体的には写真や、イラスト、ダイアグラム、グラフなどが想定されます。一つずつ特徴を解説します。

【写真】

　現実の世界を切り取った写真は訴求力の高い手段です。しかし、漫

図 6-2　トリミング前　　　　　　　　図 6-3　トリミング後

出典：筆者撮影

　然と撮影した写真をそのまま使うのではなく、伝えたいメッセージを補強できるようにトリミング等をおこなって、見せたい部分を見せる工夫が必要です（図 6-2、図 6-3 を参照）。

　インターネット時代を生きる私たちは豊富な画像群と日常的に接しています。プレゼンテーションでは無自覚にネット上の画像に頼りがちですが、すべての画像には撮影者がいること、著作権があることを忘れてはなりません。教育目的での利用はある程度認められていますが、これは特例であるとの認識を持たなければなりません。ネット画像をやむなく使用する場合は、かならず出典（撮影者名や権利者名、URLなど）を明記してください。

【イラスト】

　イラストはスライドに世界観を加える際に大変有効であり、提示する情報にストーリー的要素を付与することができます。最近のプレゼンテーション・ソフトには最初からイラストが入っているものも多いですが、使用の際には適量を心がけましょう。もちろん絵心があれば、ペイント系ソフトやドロー系ソフトなどを利用し、自分で準備してみるとよいでしょう。

第6章　プレゼンテーションの技法

【ダイアグラム】

　ダイアグラムは、情報を整理し、物事を構造的にとらえてそれを幾何学的に図示するものです。したがって、議論の抽象度を上げながら、個別事例を一般化して説明することが可能となります。話題を抽象化することで、ダイアグラム化された構造が他の事象の説明に役立つこともあります。事例の集積から傾向をまとめ上げ、ロジックを積み上げる帰納法的なプレゼンテーションにおいてはたいへん有効な手段といえるでしょう。ダイアグラムには「置き方／並べ方」（図6-4）を工夫することで状況を表現するものと、「つなぎ方」（図6-5）を工夫して、主に時間の変移に基づく情報の質の変化や、関係性を表現するものとがあります。またダイアグラムは他者とのコミュニケーションツールとしてだけではなく、自身との対話の中で機能することもあります。すなわち、言葉では説明しづらい漠然としていた考えが図示されることで、自身も納得できる概念整理ができるわけです。研究における初期段階の仮説設定、また中間段階で生じる気づきなど、頭の中

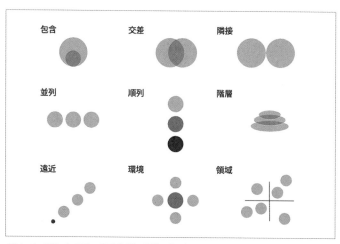

図6-4　組み立てる　意味関係の種類（要素の置き方／並べ方で表す意味の例）
出典：情報デザインフォーラム編（2010）、p.110

105

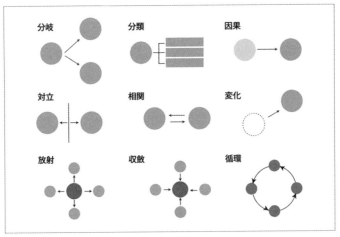

図 6-5 組み立てる　意味関係の種類（要素のつなぎ方で表す意味の例）
出典：情報デザインフォーラム編（2010）、p.110

のアイデアを簡単に図示する習慣を身につけるとよいでしょう。

ポイント⑧　グラフの注意点

　プレゼンで用いるグラフは、短い時間で直感的な理解を促進する必要があります。要素が大きく表示されていることと、注釈の文字が十分に大きいことのほかに、とくに注目してほしい点（だけ）に、ほかとは違う色を用いるなどして、視線を誘導することが重要です（Box VI-2(d)(e)(f)を比較）。繰り返しますが、Excelでグラフを作成するとなぜか、デフォルト設定では薄いグレーの文字や線、要素が表示されますので、できる限り真っ黒で明瞭なものに変え、文字を大きくしましょう。

　グラフには棒グラフ、折れ線グラフ、比率を視覚化する円グラフなど様々な種類があります。近年では、円グラフは要素の正確な大小を比較するのが難しいので、あまり推奨されません。また、立体的・俯瞰的なグラフは認識が歪むので敬遠されます。聴衆があなたの「いい

たいこと」を正確かつ直感的に理解できるように、シンプルにグラフを作成しましょう（参照：レイノルズ 2011、p. 72；江崎 2023、第 8 章）

6.5. 発表時の注意

ポイント⑨　発表時に原稿を読み上げてはならないのか

　プレゼンテーションに際しては、原稿を読み上げるような発表をしないように指導する先生が多いと思います。そして、箇条書きのスライドを用意して、それを示しながら上手に説明する研究者はたくさんいます。

　他方で、発表時に原稿（台本）を読み上げてもよいので、しっかりとスライドと原稿を（書き言葉ではなく、伝わる話し言葉で）作成するように指導する先生もいます。与えられた時間（たとえば 18 分）で終えるような原稿を先に作っておいて、脇道にそれないように話すと、持ち時間を守ることが容易になります。初学者にとっては、本番で緊張して「あがって」しまう心配も減らせます。とくに、留学生の方など、母語でない言葉でプレゼンする場合は安心材料になります。何よりグループワークの場合には、たとえば 3〜4 人で発表する準備をしていて、当日にやむを得ず誰かが出席できないといった事態にも、原稿があれば対応しやすくなります。

　TED のプレゼンを見れば、熟練したプレゼンターが何も原稿を見ることなく、上手に説明していて、みんなその筋の特別な才能を持った人のように見えます。しかし実は、TED の主催者によれば、あの舞台に立つ人たちはしっかりと台本を作成したうえで、何週間も何か月も準備・練習をして、原稿なしで（時間をきっちり守って）話せるようになっているのです（参考：アンダーソン 2016）。あのレベルは、長期的な目標とするとよいでしょう。

　スライドが適切に準備され、適切な順序で並べられていれば、それ

に基づいて原稿を作成することは容易です。MS-Word の「箇条書き（番号つき）」機能をうまく使えば、自動的にスライド番号をつけながら、説明用の原稿を書くことができます。この機能を用いれば、あとでパワーポイントのスライドの追加や並べ替えがおこなわれた場合にも、原稿の追加や並べ替えが簡単にできるようになります。

　なおパワーポイントでは、スライドショーを録音・録画することができます。しっかりとスライドと原稿を準備した人は、それを録音・録画したうえで、自分で通して視聴して、改善点を確認してみましょう。眠くなったりイライラしたりすることなく最後まで聞けて、よく理解できるようなら、本番でも大丈夫です。

　ポイント⑩　配付資料
　プレゼンの際には、聴衆に配付資料を配るのが親切です。学術的なプレゼンでは、箇条書きで十分な説明がなされたパワーポイントのスライドを「配付資料」という形で縮小印刷したものや、そのデータを配付することが多いです。他方、写真や動画などを多用し、スライドから文章や箇条書きを極力排したパワーポイントの場合は、これを印刷したものを配付するのは必ずしも適切ではありません。この場合は、とくに重要な図表や原稿の一部を抜き出した「レジュメ」を配付するのがよいでしょう。この方法をとった方が、多くの場合、配付する紙の枚数を減らせます。

　ポイント⑪　ラポールとアイコンタクト、ボディランゲージ
　聴衆との信頼関係（ラポール rapport）が築けるかどうかは、最初の数秒間にかかっています。口頭発表では、発表タイトルや、司会者への感謝、あるいは自己紹介から入ることが一般的ですが、この最初の語りだしで会場全体を見渡し、聴衆とアイコンタクトをとります（原稿を用意して発表する場合でも、アイコンタクトは重要です）。こ

れが会場の聴衆とのコミュニケーションの起点となります。発表中はできるだけ顔をあげ、ときどき会場全体をゆっくりと見渡しましょう。効果的なボディランゲージ（身ぶり手ぶりなど）にも工夫しましょう。

ポイント⑫　スライドチェンジで謎かけを

　発表時、前のスライドから次のスライドに移る瞬間が、実は話の大事なポイントになります。このスライドチェンジはテレビでいえば、場面転換に相当します。この部分を上手に語ることができれば、聴衆にとって興味深いプレゼンテーションにすることができます。その際の基本は、聞き手に「謎」を示唆する、あるいは「問いかけて、答えを言う」ことです。一度、ニュース原稿を読んでいるキャスターの言葉を聞いてみてください。その原稿を作成した人は、視聴者の興味を引くような謎かけを、文章に組み込んでいる場合が多いです。たとえば、「今日、このような商品が発表されました。実はこの商品には、驚くようなある工夫が施されているのです、それは……」などといって、「驚くようなある工夫ってなんだ？」と思わせたうえで、次のシーンで「それはこんなことなのです」と説明を加えます。

　学生さんのプレゼンでは、「……では今度は、○○について説明します……」などと言って説明が続けられるケースが多いですが、それよりも「○○とは何でしょうか？」と言って、その答えを言ったほうが、聴衆の興味を引くことができます。ここで、「○○とは何でしょうか？　実は××なのです！」という簡単な言い回しで、意外さ（Unexpectedness）を演出することも可能となります。ちょっと大げさな表現かもしれませんが、ある種のクイズ番組のような（あるいは犯人さがしのサスペンスドラマのような）プレゼンを心がけましょう。

ポイント⑬　タイミング調整スライドと締めスライド

　原稿どおりに読み上げる方法ではないプレゼンの場合、順調に発表が進めば問題ないのですが、なんらかの事情で時間どおりに発表ができず途中で発表時間が不足する、といったことも実際には起こります。そういう場合には練習時に、

- 目印スライドを要所ごとに作り、大雑把(おおざっぱ)に発表開始後何分でそのスライドにくるか練習時に把握する。
- 時間不足になったときには、話を省略してよいスライドを決めておく。

といった準備をしておくと、あわてずにすみます。時間が足りなくなったとき、「時間の関係で今回はこのスライドを省略して、次に……について話します」のようにして、時間調整用のスライドをスキップします。

　さらに、発表の最後は締めの言葉をいれたスライドか白紙のスライドを1枚用意します。実際にはこの「締めスライド」のあとに、予想される質問のために解説用の予備スライドなどを何枚か入れ、質疑応答で予想した質問があれば、これらの予備スライドを使って答えます。

ポイント⑭　質疑応答への備え

　プレゼンテーションの成否を大きく左右するのは、実は発表者の口頭での発表後におこなわれる聴衆との質疑応答です。質疑への対応に失敗すると、とたんに発表全体への印象が悪くなる場合もあります。そのため、予想される質問に対しては回答を準備し、これを「締めスライド」の後ろにいれておきます。練習時に話を聞いてもらう機会を作り、そのときに疑問点や質問をあげてもらうと、想定問答を作りや

すくなります。

　ポイント⑮　よい質問をするコツ
　これはプレゼンターではなくて、聞き手に関する助言です。聞き手はよい質問をすることで、プレゼンテーションに貢献できます。よい質問をするコツは、質問者自身が一度、回答を予想してから質問することです。そうすると、もし質問者から予想したとおりの回答が返ってこなかったとき、予想した回答との違いを追及することで、その後の議論へ発展させることができます。こうしたよい質疑応答とそれに続く議論が、よりよいプレゼンテーションの仕上げになります。

第 **7** 章

ディベート入門

7.1. ディベートとは？

「ディベート」と聞いて、みなさんはどういうものを思い浮かべますか？　なんとなく、議論をすることだろうとはわかっていても、しっかりとしたイメージを持っている人は意外に少ないかもしれません。ディベートとは、「ひとつの論題に対して、対立する立場をとる話し手が、聞き手（第三者）を論理的に説得することを目的として議論を展開するコミュニケーションの形態」です（松本・河野 2015、p. 111）。その典型的な例は、アメリカ大統領選挙でおこなわれる候補者の公開討論や、裁判での弁護士と検察官のやりとりです。立場の異なる二者が、互いの主張を戦わせる姿は迫力がありますね。

ところで、ディベートには、法廷や政治の場など実社会でおこなわれているディベートと並んで、教育や研修の場で、参加者の能力向上を意図しておこなわれる「教育ディベート」があります。本章で紹介するのはこの型のディベートです。

教育ディベートは、特定の論題をめぐって肯定・否定の両者に分かれ、一定のルールに従って交互に立論・質疑・反駁を交わして、議論の説得性を競うゲームの形式をとります。さらに、教育ディベートには、試合前に論題が発表されて事前にしっかりリサーチしてから臨む

準備型ディベートと、試合の直前に論題が発表され事前にリサーチをしないで臨む即興型ディベートの2種類がありますが、以下、本章で「ディベート」と言う場合には、準備型の教育ディベートのことだと思ってください。

7.2. ディベートの要件

ディベートでは、ゲーム（競技）としての公平性を保つために様々なルールを設けますが、まずはディベートの特徴である四つの要件をおさえておきましょう。

[1] 論題（テーマ）が設定されること

ディベートでは、特定の論題の是非を、肯定と否定の立場に分かれて議論します。論題は、大ざっぱに分けると3種類あります。すなわち、①ある事柄が事実であるか否かを議論する「事実論題」、②ある事柄に価値があるかないかを議論する「価値論題」、そして③ある政策を実施すべきか否かを議論する「政策論題」です（Box Ⅶ-1）。政策論題は、論題設定の段階で論点を絞りやすく、また比較的準備もし

Box Ⅶ-1　論題の種類とその例

① 事実論題
「ペットボトルのリサイクルは、かえって環境に負荷を与えるのか」
「邪馬台国は九州に存在したのか」

② 価値論題
「NHK は民間放送よりも社会にとって有益であるのか」
「情報を得るにはテレビよりも新聞の方がよいのか」

③ 政策論題
「わが大学は大講義室では座席指定にすべきか」
「日本は 18 歳以上の国民に選挙権・被選挙権を認めるべきか」

やすいため、教育ディベートの論題として用いられることが多いようです。

[2] 肯定・否定のどちらの立場でディベートするかが試合直前にランダムに決められること

ディベートの試合は、自分の個人的な主義主張を訴える場ではない、という点に注意してください。論題によっては、「自分は絶対にこの論題には賛成（あるいは反対）できない！」と感じることもあるかもしれません。けれども、あえて逆の立場に立って論題を見つめ直してみることで、新しい発見があるはずです。肯定・否定双方の立場から客観的に論題を検証していくことで、ひいては自分の視点そのものを深めることにもつながるのです。

[3] 公平なジャッジによって判定が下されること

ジャッジ（審判団）によって、試合における議論が客観的に評価され、公平な立場から勝敗が判定されます。ディベートの試合における選手の目的は、議論を通じて第三者である審判を説得することです。決して「対戦相手を言い負かす」ゲームではないということをしっかり覚えておいてください。

[4] 話す順序や制限時間が定められていること

Box Ⅶ-2に示したように、話す順番や時間はフォーマット（進行形式）によって定められています。構成要素は、「立論」・「質疑応答」・「反駁」の三つで、スピーチの回数や制限時間、また準備時間は、時間的制約や参加者の熟練度に応じて設定するこ

Box Ⅶ-2　フォーマットの例	
①肯定側立論	4分
②否定側による質疑応答	2分
③否定側立論	4分
④肯定側による質疑応答	2分
⑤否定側第一反駁	3分
⑥肯定側第一反駁	3分

とができます。ちなみにディベートでは、立論・質疑応答・反駁のそれぞれの場面のことを「ステージ」と呼びます。

　以上がディベートの要件です。フォーマットと同様、ルールの細則についても様々な設定が可能です。各ステージで話せる人を各チーム一人に限定する場合もあれば、二人以上がスピーチすることを認める場合もあります。パネルなど、視覚資料の提示を認める場合もあります。授業でディベートをおこなう場合は、その場限りのローカル・ルールを定めるとよいでしょう。

7.3. ディベートの目的と効果

　ところで、なぜディベートは、近年ますます広く教育の場で取り入れられてきているのでしょうか。その目的と効果について触れておきたいと思います。

　ディベートの歴史は長く、その起源は、約3000年前のギリシャや中国における知識人たちの営みにあると言われています。彼らは、異なる立場をとる他者との対論を通して、さらに高度な思索へと互いに引き上げつつ真理に近づこうとし、人間が抱える難問の解決策を探究したのです。ここに、ディベートの究極の目的があります。試合での勝敗も大切ですが、この目的にぜひ留意してください。

　また、ディベートの目的とともに、その教育的意義を意識しておくことは、ディベートに対するよりよい取り組みにつながることでしょう。ここではディベートの教育的効果を5点に絞って短く紹介します。

[1] 客観的分析力の向上

　先述のとおり、どちらのチームが肯定側になり、また否定側になるかは試合直前に、ランダムに決定されますから、選手は、双方の立場で準備することが求められます。物事にはつねに表裏両面があり、あ

る一面を見ただけでは本質をとらえることはできません。しかし、双方の立場から論題をめぐる分析を重ねることを通して社会の問題を立体的に考え、客観的に分析する力が訓練されるのです。

[2] 論理的思考力の向上

ディベートで勝つためには、自分たちの主張の正当性を説くのみならず、相手の議論に反駁することが求められます。そのためには、自分たちの議論や相手チームの言い分に矛盾はないか、虚偽やこじつけ・論理の飛躍はないかを冷静かつ迅速に分析し、論理的な議論を組み立てる力が不可欠です。ディベートはこうした力を訓練するものです。

[3] 口頭発表能力の向上

ディベートは、許可された場合を除いて画像などの視聴覚資料を使用せず、口頭スピーチを通して競いますから、おのずと口頭発表の訓練になります。優れた論理は、明瞭簡明な構成と巧みな説得術に結びあう時、はじめて真価を発揮するのです。

[4] 傾聴力の向上

ディベートは、[1]に述べたとおり、物事の両面を見る態度を身につけさせてくれるものであり、このことは、立場の異なる他者に寛容さをもって耳を傾ける態度を育みます。また、ディベートでは、相手の質問や反論に対する迅速な応答が要求されますから、話されたことを素早く正確に理解する訓練になります。

[5] 情報処理・整理能力の向上

裁判に証拠・証人が必要なように、ディベートでは自分の主張を支える説得力のある証拠資料が不可欠です。情報源はインターネット、

新聞、雑誌、書籍など様々ですが、ディベートは、無数の情報を適切に処理し、真に必要なものだけを取捨選択する力を鍛える格好の訓練になります。

このように、議論を通じたゲーム形式の中で、アカデミックな能力向上を総合的に図ることができるのがディベートなのです。議論を考える大変さや試合で味わう緊張感などの中に楽しさを見いだすことができると思います。また、他の参加者との交流で、かけがえのない仲間をつくることもできるでしょう。

7.4. 試合にあたって

ディベートの試合には、肯定側もしくは否定側を担当する二つのチームと、試合の勝敗を決めるジャッジ（審判団）、そして、フォーマットに沿って試合を進行する司会者と制限時間を管理するタイムキーパーが必要です。各チームの人数は、2～4名とする場合が多いようです。教室で実施する場合、各チームとジャッジのテーブルはおおむね図7-1のように配置されます。演台を設けず、ディベーターがその場で起立して話す場合もあります。正面のホワイトボードや黒板には、論題とフォーマットを記しておくとよいでしょう。

チームの中で誰がどのステージのスピーチを担当するかは、予め定めておきましょう。各担当者は、タイマーを使って制限時間を存分に

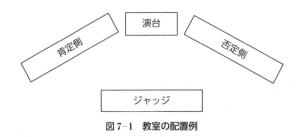

図7-1　教室の配置例

使い切ってください。また、次のスピーチのために与えられる準備時間(作戦タイム)をどのように使うかも考えておきましょう。相手チームに何を質問するか、どのポイントでどのような反駁をおこなうか、チームメンバーのメモを照らし合わせながら短時間で決定する必要があります。

なお、ディベートはコミュニケーションの競技であり、話す内容はもちろん重要ですが、それが相手とジャッジに伝わらなければいけません。話し方やボディランゲージを十分に工夫しましょう。

7.5. 各ステージの役割

[1] 立論

立論とは読んで字のごとく、自分たちの議論を立てることです。相手に対する応答や反駁の基盤になるスピーチですから、必要不可欠な要素を盛り込み、不必要な言葉や曖昧な表現を削ぎ落とし、制限時間内にわかりやすく自分たちの主張を伝えなければなりません。どのような展開がジャッジに対してより印象的に訴えるかをよく考えて立論を組み立ててください。

参考として、政策論題でディベートをする場合に典型的な立論の構成を紹介しましょう。それは、① 主張(立論が目指す結論)、② 定義とプラン、③ プラン実施によるメリット／デメリット、④ メリット／デメリットの発生過程および重要性／深刻性の説明です。

① 主張

肯定・否定のどちらで立論をする場合も、立論が目指す最終的な主張(結論)を明確に打ち出すことで、立論の口火を切るとよいでしょう。立論の冒頭で、論題を肯定／否定すべき理由を短く述べつつ結論を提示することで、聞く側は以降の展開を予想できますから、より聞

きやすくなります。たとえば、「私たちは、苦痛から患者を解放し、行き過ぎた延命治療行為をやめさせるために、『日本は積極的安楽死を法的に認めるべきである』という論題に対して、肯定（あるいは否定）の立場をとります」といった具合です。

② 定義とプラン

　肯定側は、論題に示された政策を提案する内容の議論をするわけですから、通常、論題を定義し、その提案がどの範囲でなされるのかを明らかにするためにプラン（実施計画）を述べます。

　論題の定義とは、論題に含まれている言葉の中で、意味が曖昧な言葉の意味をみずから明確に定めることです。このことによって議論の範囲を明確にし、言葉の意味の誤解から生じる論点のすれ違いを防ぎます。たとえば、論題が「日本は、小売店の深夜営業を禁止すべきである」であれば、「日本とは日本政府のことです。また、小売店とは、商品を消費者に売る有人の店舗とします。ただし、飲食店、ガソリンスタンドは除きます」と定義します。

　定義をする際は、否定側にも受けいれられる内容にすべきです。極端な例ですが、「日本とは、兵庫県三田市付近を意味するものとします」という定義は常識的に考えられないですね。否定側は、肯定側の定義にとくに問題がない限りは、それを認める旨を自分たちの立論冒頭で述べますが、肯定側の定義が不当であると判断した場合は、不当である理由を述べて代替的な定義を提示して議論しましょう。この場合、どちらの定義が妥当であるかはジャッジが最終的に判断します。

　定義に続いて、肯定側はプラン（実施計画）を提示します。論題では、大まかな内容しか示されていませんから、論題を実施に移すための具体的な計画を示すわけです。たとえば、先の論題を例にとるならば、肯定側は「プランを述べます。小売店の午後10時から午前5時までの営業を禁止します」と言います。定義の場合と同様、肯定側は、

ディベートが成立するよう、論題の範囲内でプランを提示しましょう。一方、否定側は、論題を否定する立場ですから、基本的には現状維持の立場で「プランは現状維持です」と言います。

③ プラン実施によるメリット・デメリット

政策論題を扱うディベートでは、メリットとデメリットの発生可能性、およびその重要性・深刻性の大きさが勝敗を分けます。肯定側は、プランが導入されるとどのようなメリットが生じるかを述べ、否定側は、プランが実施されるとどのようなデメリットが生じるかを述べます。なお、ディベートでは、利点・弊害、アドバンテージ・ディスアドバンテージという表現も用いますが、ここでは比較的広く用いられているメリット・デメリットという表現を用いていきます。

立論で提示されるメリット・デメリットは、自分たちの主張の根拠として極めて重要な要素です。どのような言葉でそれを提示することが最善かをよく見極め、簡潔に提示しましょう。相手チームの質疑や反論に応答できるよう、しっかりとした問題分析を通して焦点を絞り、論理的な議論を立てることを前提としたメリット・デメリットを選択することが大切です。

④ メリット・デメリットの発生過程、その重要性／深刻性の説明

プラン実施によって、メリット・デメリットが発生する理由、そしてそれらがどれほどの重要性・深刻性をもつものであるかを、証拠（データ等）と論拠（理由づけ）をもって説明しましょう。

ある政策プランを実施した場合には、様々な事柄が生じるはずです。その中の何が、どのようなメリットあるいはデメリットを発生させるでしょうか。その発生の確実性はどれほどでしょうか。また、誰にとっての、どれほど社会に影響のあるメリット・デメリットなのでしょうか。こうした点を証拠と論拠を示しながら説明したうえで結論

を述べましょう。

　ところで、議論を支える証拠として、他人が書いた情報を引用、もしくはそれに類する形で用いる際には、出典を明らかにしなければなりません。少なくとも、立論ではその情報を書いた人物の肩書と名前、団体の場合は正式名称、情報源のタイトルと公表された年をはっきりと述べてください。また、引用をする場合には必要最低限の部分のみを引用し、掲載ページなどを具体的に示したうえで、「引用開始」と「引用終了」という言葉で引用部分を明確にしましょう。

[2] 質疑応答（反対尋問）

　このステージでは、肯定側から否定側に対して、もしくは否定側から肯定側に対して質疑をおこないます。各チームから質問者と応答者が一人ずつ演台の後ろに立って、一問一答形式で進めます。このステージには、主に二つの目的があります。

①　相手の立論について、わからなかった点・疑問点を確認する

　相手の立論中で聞き取れなかった点、疑問に感じた点を確認します。とくに否定側を担当する場合は、相手の定義やプランによってデメリットや反論の方針が変わってくることがあるため、疑問点をそのままにせず、しっかりと確認しましょう。

②　相手の立論の弱点をジャッジにアピールし反駁につなげる

　質疑応答で重要なのは、単に自分たちが知りたいことを確認するということ以上に、ジャッジに対して相手の弱点を明らかにすることです。相手チームの言い分に矛盾や虚偽、こじつけ、論理の飛躍があると思われる点があれば、議論の中身を再度確認しましょう。相手の応答に基づいてさらに質問を掘り下げていくことも効果的です。また、的確な質問をして反駁につなげるためにも、相手の立論や質疑への応

A4の用紙（横置き）に、以下のように折り目を入れて作成する

肯定側立論	否定側立論	否・第一反駁	肯・第一反駁	否・第二反駁	肯・第二反駁

（以下のメモ欄は省略）

図7-3 フローシートの作成例

答をフローシートなどにメモしながら聞くことをお勧めします（図7-3）。

　質問をする際に気をつけていただきたいのは、①相手側立論の内容に即した質問をすること、そして②自分たちの見解を語らない、ということです。質疑応答では、あくまでも相手の議論の内容を明らかにすることを目指してください。たとえば、相手側立論とは無関係に「私たちは……だと思うのですが、これについてどう思いますか？」といった「質問の姿をとった自己主張」をしないように注意してください。できるだけ短く鋭い質問を数多くして、相手に話す時間を与えましょう。相手が質問に窮して応答しない場合は、しばらく待ったうえで「答えがなければ、次の質問に移ってもよろしいですか？」などと尋ね、質疑応答を進めてください。

　相手がどんな質問をしてくるかは、いざ試合にならないとわかりません。しかし、ディベートの準備段階で立論の内容が固まってきたら、想定される質問を思いつくままに挙げて応答を考えておくと、本番である程度、落ち着いた対応をすることができます。質疑応答の時に用いることができそうな証拠資料を揃えておくことも大切です。

[3] 反駁

　このステージの目的は、相手の議論に反論し、そのうえで、なぜ自分たちの立論の方が相手の立論よりも優れているのかを論じることで

す。フォーマットによって、1回ないし2回の反駁がありますが、試合の最後のスピーチとなる反駁を「最終弁論」と呼ぶこともあります。

　反駁の典型的な構成は、相手の立論や反駁の中で論理的に成り立たない点があれば、それを指摘して相手の議論を弱め、相手の立論や反駁の中で自分たちの議論を弱めることに有効であった点については反論をします。そのうえで、相手の主張するメリットもしくはデメリットよりも、自分たちの主張するメリット／デメリットがより大きいことを述べて自分たちの立場を再主張することです。

　反駁では、相手の議論を引用しつつ反論などをするとよいでしょう。なぜなら、相手の議論のどの点に対して反駁しているかがジャッジに対して明確になるからです。たとえば、「肯定側は、メリットの発生過程で、……と言い、メリットが重要であると言いました。しかし、そのようなメリットは発生しません。なぜなら、……だからです」という具合です。

　また、反駁の際に、できるだけ確かな根拠を示すことができなければ、逆効果になることがあります。質疑応答のステージで応答する時にも、同じことがいえます。証拠資料は、質問に対する応答や反駁の時にも使うことができますから、あらゆる質問や反論を想定して、適切な資料を準備しておきましょう。

[4] 判定

　ディベートにおいては、ジャッジ（勝敗をつけない場合はコメンテーター）の役割がとても重要です。ディベーターの自己評価も有意義ですが、聞き手がどのように議論を理解し、どのような評価を下したかを聞くことによって、ディベーターはより多くのことを学べるのです。

　ジャッジが評価するポイントは、どのような教育的意図でディベートをするかに応じて定められ、前もってディベーターに公表されます。

ディベーターの話し方や態度・視線・表情など非言語的要素を含むプレゼンテーション全体を評価に含めることもありますが、ジャッジは、原則的には議論そのものに焦点を当てて評価します。勝敗を判定する場合の基本的なステップは次のとおりです。

① 肯定側と否定側のメリット・デメリットを確認する。
② 個々のメリット・デメリットに関する議論が成立するか否かを判断する。
③ メリットの全体とデメリットの全体を比較して判断を下す。

三つのステップのうち、二つ目の判断には少々時間を要するでしょう。この判断のためには、①発生過程に関する議論の検証と、②重要性／深刻性に関する議論の検証の二つをおこないます。検証では、議論の根拠があるか、根拠に説得力はあるか、適切な証拠資料があるかどうかがチェックポイントです。

ディベートの評価にあたっては、次のことに留意しましょう。

① 自分の個人的意見に左右されない
ディベーターが個人の意見をいったん留保してディベートをしているように、ジャッジも自分の考えを白紙の状態にして、ディベートに耳を傾けることが必要です。

② 話し手の話し方や性格に影響されないように聞く
大きな声や感情に訴える言葉に圧倒されたり、話し方の上手な人に知らず知らずのうちに引き込まれたりするものです。しかし、ジャッジの基本は、表面的なことに左右されることなく議論そのものの内容を冷静に評価することです。

③ 議論の全体を見極める

フローシートなどでメモを取りながら、両者の議論をしっかりと聞きましょう。自分の興味を引いた議論、自分の考えを代弁してくれた議論の部分だけを高く評価し、全体的な流れとは関係なく評価を下してしまってはいけません。

7.6. ディベートに役立つ参考資料

以上、ディベートに関する基本的な点を解説してきました。ディベートは、実際にやってみることで初めて、その楽しさに気づいてゆくことができると思います。ぜひ、教室その他でディベートをしてみてください。

本章を終えるにあたり、ディベートを実践するうえで役立つと思われる参考資料を何点か紹介します。この中には、ディベートのためのリサーチ方法や実際のディベートを想定した立論・質疑応答・反駁の例文が掲載されているものもありますので、試合の準備をするうえで大変参考になることでしょう。なお、以下に示した文献の書誌は、巻末の参考文献リストにも収録します。

池田修（2007）『中学・高等学校 ディベート授業が楽々できるワークシート』学事出版

北岡俊明（1999）『ディベートが上達する法』総合法令出版

高橋昌一郎（2007）『哲学ディベート ——〈倫理〉を〈論理〉する』日本放送出版協会

西部直樹（1998）『はじめてのディベート』 あさ出版

藤川大祐監修（2005）『ＤＶＤ教材テキスト ——ディベートで学ぶエネルギー問題』全国教室ディベート連盟東海支部

松本茂（2001）『日本語ディベートの技法』七寶出版

松本道弘(1990)『やさしいディベート入門』中経出版
茂木秀昭(2005)『身につけるディベートの技術』中経出版
望月和彦(2003)『ディベートのすすめ』有斐閣

(ウェブサイト)
日本ディベート協会　公式ウェブサイト
　　　https://japan-debate-association.org/
全国教室ディベート連盟　公式ウェブサイト　https://nade.jp/
全日本ディベート連盟　公式ウェブサイト　https://www.coda.or.jp/

第8章

研究の倫理と学習の倫理

8.1. 「調べる」ことについての負の部分
　　──研究倫理と盗作・捏造

　ここまで、演習での方法論について述べてきましたが、最後に、「研究での負の側面」にも触れておくべきでしょう。19世紀までは、科学者たちは自身の関心のおもむくままに自由な研究をおこなっていました。しかし20世紀に入って（交通手段や通信技術などの）技術が急速に進歩するとともに世界が一つにつながってゆき、企業や政府と研究機関・大学との関係が深まり、また扱っている技術も用いられる範囲や規模、影響力が拡大したことによって、研究者による活動は（一見ささいに見えるテーマのものでも）社会的にも政治的にも大きな影響力を持つようになりました。

8.2. 研究倫理が問われる側面

　大学で研究を始める学生にとって、まず大事なのは「研究倫理」です。すなわちリサーチを遂行するうえでの「人倫の道。実際道徳の規範となる原理。道徳」(『広辞苑』第五版)です。極端な例として、幼い頃にご覧になったＴＶや漫画作品に登場する「マッド・サイエンティ

スト」(狂気の科学者) を思い浮かべてもよいでしょう。あるいは、公害や環境問題、医療過誤等で被害者に牙をむいた企業側・政府側の研究者の例でもかまいません (政府側の利益のために研究・発信をおこなう研究者は「御用学者」などと呼ばれます)。

　現在、研究者のモラルが問われるケースは枚挙にいとまがありません。ためしに Yahoo! で「研究倫理」をキーワードとして検索したところ、約 4340 万件がヒットしました (2024 年 9 月 3 日)。とくに医学部や遺伝子関係が多いようで、この分野では慎重な取り組みが求められているようです (「研究倫理」を調べるだけで、十分にレポートのテーマになりそうです)。

　このような分野では、これまでに様々な異議申し立てがおこなわれ、学会でもルール整備などの対応が進められています。人間の生命を取り扱う医学などの分野では、とくに慎重な対応が求められ、進められてきたことは言うまでもありません。また人類学等では、遺骨等の取り扱いに人権的配慮が欠けている場合 (アイヌ、オーストラリア先住民等) や、対象とする人々の人権を無視して研究発表をおこなった場合 (アイヌや西南諸島の人々等)、様々な異議申し立てがおこなわれてきました。さらには動物学でも、実験動物の取り扱いについての倫理規定等が整備され、実験対象の動物に不適切な取り扱いをおこなった場合、時には告訴されたり、研究論文の掲載を拒否されたりします。みなさんも、「研究」や「勉強」は「特権」ではく、「無制限に自由」なものではないことを忘れてはいけません (こうした「学問の特権」こそ、Column 1 で紹介した中世ヨーロッパの大学が、法王や国王から与えられた特許状に由来するのです)。

　とくに考慮すべきなのは、アンケートやインタビュー調査で、研究対象になった人たちに不快感を与えたり、傷つけたりしないよう配慮することです。さらに、レポート等で成果を公表する際に、その方々のプライバシー等を不当に侵してしまう危険性を自覚して下さい。発

表する場合は、必ず対象の方々から同意を取るのはもちろんのこと、その人権に配慮して、地名や人名を仮名(かめい)にする等の配慮が必要な場合も珍しくありません。こうした迷惑を与える行為を慎むだけでなく、調査に協力した人々への感謝の表明を忘れてはいけません。

8.3. 研究倫理いぜんのマナー

研究倫理いぜんのマナーも、しっかりと認識しておく必要があります。すでに本書を通じて注意してきましたが、他者がすでに発表しているアイデアやデータ、文章を黙って利用したり、盗作したりするようなことは、絶対にしてはいけません。先行研究については必ず「引用」を明記し、剽窃(ひょうせつ)や盗作の疑いをかけられないようにして下さい。適切な引用ならば問題はありません。もちろん、Web 等の資料を、引用元について触れることなく、勝手にコピー&ペースト（通称コピペ）してレポートにすることなど論外です。

さらにいえば、近年いくつか発覚したデータの捏造(ねつぞう)などは言語道断です。日本では 2000 年に発覚した旧石器捏造事件がありましたし、ほぼ同じ頃、欧米の著名な科学雑誌を舞台に、アメリカのベル研究所の研究者による高温超伝導での画期的研究の多くがまったくの捏造（実際には、実験もしていなかったらしい）と判定された事件がありました。このような事件が発覚しているということは、最後には「バレてしまう」可能性が高いということです。くれぐれも注意して下さい。

8.4. AI 時代の学習の倫理

インターネットが利用できるパソコンやスマートフォンが普及して、大学においてもレポート等を、手書きではなく電子ファイルで提

出するよう求められるようになって、剽窃行為がいとも簡単におこなえるようになりました。しかしそれに対しては、Turnitin（ターンイットイン）など、レポートにどれほど剽窃が含まれているかを教育者がチェックできるツールが開発されています（関西学院大学にもTurnitinが導入されています）。剽窃が確認されたレポートでは単位が得られませんのでご注意ください。

　またChatGPTなどの生成AIや、DeepLなどの自動翻訳ツールも注目を集めています。生成AIは驚くほど色々な質問に答えてくれますし、面倒な作業も代行してくれます。DeepLの翻訳の精度は、専門の翻訳家が見ても相当のものです（人間による下訳は不要になりつつあります）。私たちはこれらを、みなさんが自らの知識や力量を高めるために活用することを歓迎しています。しかし、これらをみなさんがレポート作成等に安易に用いるとみなさんの能力がつきません。また、ChatGPTの回答は他人の文章や作品かもしれませんし、事実とは限りません。翻訳ソフトが生成した訳文や、ChatGPTなどの回答が本当に正確なものかについては、人間が（みなさん自身が）最終的なチェックをする必要があります。もちろん、英語コミュニケーション等の授業において、英作文の課題を自動翻訳にやらせて提出するようなことは、絶対にあってはなりません。

8.5. 何のために演習でリサーチや、プレゼンテーション、レポートを学ぶのか？

　最後にあらためて、基礎演習と研究演習でなぜリサーチや、プレゼンテーション、レポートを勉強するのか、確認したいと思います。それは、一つは自分が生きているこの時代を生き抜く力を養うためです。「勉強」は大学で終わるわけではありません。むしろ、実社会の方が「勉強」の連続です。そこでいかに深く「学び」、いかにうまく他者に

伝えていくのか、その訓練を兼ねているのが演習なのです。

　そしてもう一つは、この世界が「知らないこと」に満ちていることに気づくためです。演習は、一つ一つの知識を得るというよりも、どうやったら喜ばしき知識を得ることができるか、その「スタイル」を学ぶところなのです。世界は謎だらけです。なぜ、人は家族を作るのか？　なぜただの紙である紙幣が信用されているのか？　なぜ国境があるのか？　なぜ、人は「犯罪」を犯すのか？　そして、なぜ人は老化し、最終的には死ぬのか？

　こうした謎の一つ一つを解いていくと、さらに新しい謎が現れる、そうした世界への入り口として基礎演習をとらえていただければ幸いです。

　　分担執筆
　　（第1版・順不同）
　　　　　久保田哲夫　　　（総合政策学部教員）
　　　　　渡部律子　　　　（総合政策学部元教員）
　　　　　亀田啓悟　　　　（総合政策学部教員）
　　　　　高畑由起夫　　　（総合政策学部教員）
　　　　　泉博子　　　　　（総合政策研究科博士課程前期課程2008
　　　　　　　　　　　　　　年修了、総合政策学修士）

　　（第2版・順不同）
　　　　　高畑由起夫　　　（総合政策学部教員）
　　　　　鎌田康男　　　　（総合政策学部教員）
　　　　　林由貴子　　　　（総合政策研究科博士課程後期課程1年）
　　　　　安熙錫　　　　　（総合政策学部教員）
　　　　　宮川雅充　　　　（総合政策学部教員）

山田孝子　　　　　（総合政策学部教員）
村瀬義史　　　　　（総合政策学部教員）
客野尚志　　　　　（総合政策学部教員）
長谷川計二　　　　（総合政策学部教員）
亀田啓悟　　　　　（総合政策学部教員）

（第3版・五十音順）
池側隆之　　　　　（総合政策学部教員）
大用庫智　　　　　（総合政策学部教員）
オノ・レスリー・N　（総合政策学部教員）
小西葉子　　　　　（総合政策学部教員）
朴勝俊　　　　　　（総合政策学部教員）
平松燈　　　　　　（総合政策学部教員）
宮川雅充　　　　　（総合政策学部教員）

参考文献

　以下に示す参考文献は、本書の各章の本文や脚注、図表等で紹介あるいは参照されたものに限っています。また、以下の参考文献はかならず本書の中で最低一度は紹介・参照されています。これは専門の学術書や論文の作法に則っています。また、文献書誌の記載方法は、多くの社会科学系の学術誌で用いられる APA 方式（米国心理学会方式）に準拠しています。

IPCC（2022）「IPCC AR6 WG1 報告書 政策決定者向け要約（SPM）暫定訳（2022 年 12 月 22 日版）」、気象庁ホームページ（2024 年 6 月 26 日アクセス）
　　https://www.data.jma.go.jp/cpdinfo/ipcc/ar6/IPCC_AR6_WGI_SPM_JP.pdf
Tinbergen, Niko (1963) "On aims and methods of ethology," *Zeitschrift für Tierpsychologie*, 20, pp. 410-433.
青井倫一監修（2013）『通勤大学　MBA〈2〉マーケティング〔新版〕』グローバルタスクフォース（株）編著、総合法令出版
アンダーソン、クリス（2016）『スーパープレゼンを学ぶ TED 公式ガイド』（関美和訳）、日経 BP 社
池田修（2007）『中学・高等学校　ディベート授業が楽々できるワークシート』学事出版
石村貞夫・石村光資郎（2010）『すぐわかる 統計処理の選び方』東京図書
泉博子（2005）『思春期から青年期にかけての友人関係：友人が悩みの解決に果たす役割』関西学院大学総合政策学部卒業論文、2005 年
ウィリス、ポール（1996）『ハマータウンの野郎ども』（熊沢誠・山田潤訳）、筑摩書房
江崎貴裕（2023）『指標・特徴量の設計から始めるデータ可視化学入門』ソシム
川喜田二郎（2017）『発想法 ——創造性開発のために〔改版〕』中公新書
北岡俊明（1999）『ディベートが上達する法』総合法令出版
久保義郎・三宅由起子（2011）「血液型と性格の関連についての調査的研究」『吉備国際大学研究紀要（社会福祉学部）』第 21 号、pp. 93-100
河野哲也（2018）『レポート・論文の書き方入門（第 4 版）』慶應義塾大学出版会

ゴニック、ラリー＆ウルコット・スミス（1995）『マンガ 確率・統計が驚異的によくわかる』（中村和幸訳）、白揚社
酒井聡樹（2015）『これから論文を書く若者のために 究極の大改訂版』共立出版
佐藤郁哉（1992）『フィールドワーク』新曜社
佐藤健二（2014）『論文の書きかた』弘文堂
サン＝テグジュペリ、アントワーヌ（2000）『星の王子さま――オリジナル版（第一刷）』（内藤濯訳）、岩波書店
情報デザインフォーラム編（2010）『情報デザインの教室』丸善出版
住明正（1993）『地球の気候はどう決まるか？』岩波書店
ターケル、スタッズ（1983）『仕事（ワーキング）！』（中山容ほか訳）、晶文社
高橋昌一郎（2007）『哲学ディベート――〈倫理〉を〈論理〉する』日本放送出版協会
田栗正章・藤越康祝・柳井晴夫・C. ラダクリシュナ・ラオ（2007）『やさしい統計入門』講談社
谷岡一郎（2000）『「社会調査」のウソ――リサーチ・リテラシーのすすめ』文春新書
丹野義彦（1994）「アンケート」、小林康夫・船曳健夫編『知の技法』東京大学出版会
戸田山和久（2022）『最新版 論文の教室――レポートから卒論まで』NHK出版
縄田健悟（2014）「血液型と性格の無関連性――日本と米国の大規模社会調査を用いた実証的論拠」『心理学研究』第85巻2号、pp. 148-156
西部直樹（1998）『はじめてのディベート』あさ出版
新田誠吾（2019）『はじめてでも、ふたたびでも、これならできる！ レポート・論文のまとめ方』すばる舎
野家啓一（2015）『科学哲学への招待』ちくま学芸文庫
ハース、チップ＆ダン・ハース（2008）『アイデアのちから』（飯岡美紀訳）、日経BP社
平石賢二（1990）「青年期における自己意識の構造――自己確立感と自己拡散感からみた心理学的健康」『教育心理学研究』第38巻3号、pp. 320-329
藤川大祐監修（2005）『DVD教材テキスト ディベートで学ぶエネルギー問題』全国教室ディベート連盟東海支部

星田直彦（2005）『単位 171 の新知識 読んでわかる単位のしくみ』講談社
松原岩五郎（1893）『最暗黒の東京』民友社（1988 年に岩波書店より再刊）
松本茂（2001）『日本語ディベートの技法』七寶出版
松本茂・河野哲也（2015）『大学生のための「読む・書く・プレゼン・ディベート」の方法』玉川大学出版部
松本道弘（1990）『やさしいディベート入門』中経出版
御厨貴編（2007）『オーラル・ヒストリー入門』岩波書店
水野寿彦編（1978）『動物生態の観察と研究』東海大学出版会
茂木秀昭（2005）『身につけるディベートの技術』中経出版
望月和彦（2003）『ディベートのすすめ』有斐閣
盛山和夫（2004）『社会調査法入門』有斐閣
山岡重行（2010）「血液型のイメージの良さと血液型に由来する不快体験の関係（ポスター発表）」『日本パーソナリティ心理学会発表論文集』第 19 巻
山本義郎（2005）『レポート・プレゼンに強くなるグラフの表現術』講談社現代新書
レイノルズ、ガー（2011）『シンプルプレゼン』日経 BP 社
レイノルズ、ガー（2014）『プレゼンテーション Zen　デザイン』（熊谷小百合訳）、丸善出版
歴史学研究会編集部（2021）「論文の注について」
http://rekiken.jp/wp/wp-content/uploads/2021/11/ronbun_no_chu.pdf
和歌山大学図書館（2021）「ラーニング・アドバイザーがおすすめする… APA Style 7the Edition 引用文献リスト作成について」『和歌山大学図書館パスファインダー』No. 23
https://www.wakayama-u.ac.jp/_files/00676731/pathfinder23_2021_2nd.pdf

K.G. りぶれっと No. 59

基礎演習ハンドブック 第三版
さぁ、大学での学びをはじめよう！

2025 年 3 月 1 日 初版第一刷発行

編　者　　関西学院大学総合政策学部

発行者　　田村和彦
発行所　　関西学院大学出版会
所在地　　〒 662-0891
　　　　　兵庫県西宮市上ケ原一番町 1-155
電　話　　0798-53-7002

印　刷　　協和印刷株式会社

©2025 Kwansei Gakuin University School of Policy Studies
Printed in Japan by Kwansei Gakuin University Press
ISBN 978-4-86283-394-5
乱丁・落丁本はお取り替えいたします。
本書の全部または一部を無断で複写・複製することを禁じます。

関西学院大学出版会「K・G・りぶれっと」発刊のことば

大学はいうまでもなく、時代の申し子である。

その意味で、大学が生き生きとした活力をいつももっていてほしいというのは、大学を構成するもの達だけではなく、広く一般社会の願いである。

研究、対話の成果である大学内の知的活動を広く社会に評価の場を求める行為が、社会へのさまざまなメッセージとなり、大学の活力のおおきな源泉になりうると信じている。

遅まきながら関西学院大学出版会を立ち上げたのもその一助になりたいためである。

ここに、広く学院内外に執筆者を求め、講義、ゼミ、実習その他授業全般に関する補助教材、あるいは現代社会の諸問題を新たな切り口から解剖した論評などを、できるだけ平易に、かつさまざまな形式によって提供する場を設けることにした。

一冊、四万字を目安として発信されたものが、読み手を通して〈教え─学ぶ〉活動を活性化させ、社会の問題提起となり、時に読み手から発信者への反応を受けて、書き手が応答するなど「知」の活性化の場となることを期待している。

多くの方々が相互行為としての「大学」をめざして、この場に参加されることを願っている。

二〇〇〇年　四月